管理会计技能项目化训练规划教材

○ 主审 郑在柏

FENGXIAN KONGZHI FENXI BAOGAO

风险控制分析报告

○ 编著 刘振华

图书在版编目(CIP)数据

风险控制分析报告/刘振华编著. —苏州:苏州大学出版社,2019.11
管理会计技能项目化训练规划教材
ISBN 978-7-5672-3004-0

Ⅰ.①风… Ⅱ.①刘… Ⅲ.①企业管理－财务管理－风险管理－高等学校－教材 Ⅳ.①F275

中国版本图书馆 CIP 数据核字(2019)第 258610 号

风险控制分析报告
刘振华 编著

责任编辑 王 亮

苏州大学出版社出版发行
(地址：苏州市十梓街1号 邮编：215006)
丹阳兴华印务有限公司印装
(地址：丹阳市胡桥镇 邮编：212313)

开本 787 mm×1 092 mm 1/16 印张 7.25 字数 110 千
2019 年 11 月第 1 版 2019 年 11 月第 1 次印刷
ISBN 978-7-5672-3004-0 定价：22.00 元

若有印装错误,本社负责调换
苏州大学出版社营销部 电话：0512-67481020
苏州大学出版社网址 http://www.sudapress.com
苏州大学出版社邮箱 sdcbs@suda.edu.cn

江苏联合职业技术学院院本教材出版说明

江苏联合职业技术学院自成立以来,坚持以服务经济社会发展为宗旨、以促进就业为导向的职业教育办学方针,紧紧围绕江苏经济社会发展对高素质技术技能型人才的迫切需要,充分发挥"小学院、大学校"办学管理体制创新优势,依托学院教学指导委员会和专业协作委员会,积极推进校企合作、产教融合,积极探索五年制高职教育教学规律和高素质技术技能型人才成长规律,培养了一大批能够适应地方经济社会发展需要的高素质技术技能型人才,形成了颇具江苏特色的五年制高职教育人才培养模式,实现了五年制高职教育规模、结构、质量和效益的协调发展,为构建江苏现代职业教育体系、推进职业教育现代化做出了重要贡献。

面对新时代中国特色社会主义建设的宏伟蓝图,我国社会主要矛盾已经转化为人民日益增长的美好生活需要和不平衡不充分的发展之间的矛盾,这就需要我们有更高水平、更高质量、更高效益的发展,实现更加平衡、更加充分的发展,才能全面建成社会主义现代化强国。五年制高职教育的发展必须服从并服务于国家发展战略,以不断满足人们对美好生活的需要为追求目标,全面贯彻党的教育方针,全面深化教育改革,全面实施素质教育,全面落实立德树人根本任务,充分发挥五年制高职贯通培养的学制优势,建立和完善五年制高职教育课程体系,健全德能并修、工学结合的育人机制,着力培养学生的工匠精神、职业道德、职业技能和就业创业能力,创新教育教学方法和人才培养模式,完善人才培养质量监控评价制度,不断提升人才培养质量和水平,努力办好人民满意的五年制高职教育，为决胜全面建成小康社会、实现中华民族伟大复兴的中国梦贡献力量。

　　教材建设是人才培养工作的重要载体，也是深化教育教学改革、提高教学质量的重要基础。目前，五年制高职教育教材建设规划性不足、系统性不强、特色不明显等问题一直制约着内涵发展、创新发展和特色发展的空间。为切实加强学院教材建设与规范管理，不断提高学院教材建设与使用的专业化、规范化和科学化水平，学院成立了教材建设与管理工作领导小组和教材审定委员会，统筹领导、科学规划学院教材建设与管理工作。制定了《江苏联合职业技术学院教材建设与使用管理办法》和《关于院本教材开发若干问题的意见》，完善了教材建设与管理的规章制度；每年滚动修订《五年制高等职业教育教材征订目录》，统一组织五年制高职教育教材的征订、采购和配送；编制了学院"十三五"院本教材建设规划，组织18个专业协作委员会和公共基础课程协作委员会推进院本教材开发，建立了一支院本教材开发、编写、审定队伍；创建了江苏五年制高职教育教材研发基地，与江苏凤凰职业教育图书有限公司、苏州大学出版社、北京理工大学出版社、南京大学出版社、上海交通大学出版社等签订了战略合作协议，协同开发独具五年制高职教育特色的院本教材。

　　今后一个时期，学院在推动教材建设和规范管理工作的基础上，紧密结合五年制高职教育发展新形势，主动适应江苏地方社会经济发展和五年制高职教育改革创新的需要，以学院18个专业协作委员会和公共基础课程协作委员会为开发团队，以江苏五年制高职教育教材研发基地为开发平台，组织具有先进教学思想和较高学术造诣的骨干教师，依照学院院本教材建设规划，重点编写出版约600本有特色、能体现五年制高职教育教学改革成果的院本教材，努力形成具有江苏五年制高职教育特色的院本教材体系。同时，加强教材建设质量管理，树立精品意识，制定五年制高职教育教材评价标准，建立教材质量评价指标体系，开展教材评价评估工作，设立教材质量档案，加强教材质量跟踪，确保院本教材的先进性、科学性、人文性、适用性和特色性建设。学院教材审定委员会组织各专业协作委员会做好对各专业课程（含技能课程、实训课程、专业选修课程等）教材进行出版前的审定工作。

本套院本教材较好地吸收了江苏五年制高职教育最新理论和实践研究成果，符合五年制高职教育人才培养目标定位要求。教材内容深入浅出，难易适中，突出"五年贯通培养、系统设计"专业实践技能经验积累培养，重视启发学生思维和培养学生运用知识的能力。教材条理清楚，层次分明，结构严谨，图表美观，文字规范，是一套专门针对五年制高职教育人才培养的教材。

学院教材建设与管理工作领导小组

学院教材审定委员会

2017 年 11 月

序言

随着智慧会计时代的来临，会计行为发生了巨大变化，会计职业教育的课程体系和教学内容也应随之变化或调整，其变化的核心就是把以"财务会计核算"为核心的专业课程体系转化为"财务会计核算+管理会计"的双核心课程体系。在学制不变、教学时间基本不变的状况下，构建"财务会计核算+管理会计"的双核心课程体系，并不是简单地在以"财务会计核算"为核心的专业课程体系中增加管理会计课程就可以解决问题的，而是需要在对"财务会计核算"专业课程体系进行调整和优化的基础上，正确设计、精心论证管理会计的课程和管理会计专业技能训练项目课程体系。从2017年度起，江苏联合职业技术学院会计专业协作委员会组织了"江苏省五年制高职会计类专业管理会计课程构建专题研发组"，对智慧会计背景下五年制高职会计类专业课程体系的重构和管理会计专业技能项目化训练课程的开发进行了调研、论证、研究和实践，力求建立一套适应学生的学习基础，实务操作性强，与企业、单位实践相向而行的模块化、填充式、标准化、可组合、可扩展的网络化技能训练教学项目系统，并形成以下研究和实践成果。

一是对五年制高职会计类专业课程体系进行模块化重构，构建了"财务会计核算+管理会计"的双核心的课程模块体系。专业课程设置了财务会计基础课程模块、财务会计核心课程模块、财务会计技能训练项目化课程模块、管理会计基础课程模块、管理会计技能训练项目化课程模块。

二是对专业技能训练进行项目化改革与建设，按照会计核算专业技能训练、管理会计专业技能训练两个实践教学链路构建专业技能训练项目化实训教学课程。其中，财务会计技能训练项目化课程模块优化为"经验积累性"专业训练项目化课程，对学生进行专业技能的反复训练，以实现专业技能经验的积累。管理会计技能训练项目化课程模块按照"体验积累性"专业训练项目化课程建设，通过对学生进行专业技能的体验式训练，提升其运用专业知识、技术解决问题的专业能力。

三是管理会计"体验积累性"专业训练项目化课程的开发。我国中小微企业管理会计发展具有鲜明的多岗位融合、"政策导向型"管理会计工作特色。管理会计工作从阅读财务会计报表开始，根据单位发展和价值管理的需要，逐步围绕"财务会计报表分析、成本项目管理、纳税管理与税控风险管理、薪酬社保管理与分析、内部控制管理与评价、综合业绩分析、风险控制管理、预算管理、绩效评价、价值创造管理、投资管理、融资管理、战略管理分析"等工作范围展开。管理会计与财务会计的主要不同点就是，管理会计是为本单位内部管理需要服务的，并没有刚性统一的工作规范标准和信息语言要求，各单位之间管理会计工作的程度、重点、路径、方法等差异性大。管理会计专业技能不会像财务会计专业技能那样有明确的外部规范和标准要求，而是建立在发散性思维基础上的判断、分析、归纳、提炼、报告等技能。因此，基于上述影响因素，会计职业教育管理会计专业技能实训项目课程体系宜按照"体验积累性"专业训练项目化课程的要求进行建设。

基于上述研究成果，根据我国目前中小微企业财务会计向管理会计转化以及管理会计工作扩展领域和进程不同的现状，五年制高职会计专业的管理会计"体验积累性"训练项目化课程的建设按照三个技能训练项目模块依次开发实践：一是管理会计技能基本训练项目模块，主要包括"财务会计报表阅读报告""财务会计报表分析报告""成本项目管理分析报告""纳税管理分析报告""内部控制评价分析报告"等；二是管理会计技能提升训练项目模块，主要包括"薪酬社保管理分析报告""综合业绩分析报告""风险控制分析报告""预算管理分析报告""绩效评价分析报告"等；三是管理会计技能扩展训练项目模块，主要包括"价值创造管理分析报告""投资管理分析报告""项目可行性分析报告""融资管理分析报告""社会责任承担管理分析报告"等。管理会计技能基本训练项目模块为必修实训项目课程，提升训练项目模块和扩展训练项目模块作为选修实训项目课程，将根据中小企业管理会计发展进程逐步增设。

本管理会计"体验积累性"技能训练项目化课程具有以下特点：

一是适应我国会计实践领域发展要求。本项目化训练课程落实财政部关于全面建设管理会计的相关文件精神，以《管理会计应用指引第801号——企业管理会计报告》为基础，将管理会计指引规范及时引入教学。同时根据我国管理会计实践发展的进程依次开发技能训练项目模块。

二是适应学生现状。初中毕业起点的五年制高职学生年龄较小，具有好奇心强、接受新事物快、可塑性高、喜欢动手等优势，同时也存在理解能力、抽象思维能力、自学能力等方面的不足之处。管理会计知识系统性强，对逻辑思维要求高，如果按照常规教学方法，学生学习管理会计系统性知识的难度非常大。本项目化训练课程适应学生的学习基础，实务操作性强，模块化、填充式、标准化、可组合、可扩展的网络化技能训练学习方式能够破解管理会计课程理论基础要求高、知识系统性强和专业术语多的教学难题。

三是专业技能训练目标明确。训练学生对财务信息和非财务经济信息的阅读、判断、分析、归纳、提炼、报告等技能，使其逐步形成和积累专业判断、运用和扩展能力，并具备利用财务和经济信息进行预测、分析、评价的专业职业能力，能向管理决策者提供较为规范的决策建议。本项目化训练课程的起点是学生对财务信息和非财务经济信息的阅读，训练的关键点是能写出判断、分析、归纳、提炼、建议的报告书。

四是信息化水平高。学院与厦门九九网智科技有限公司合作研发了与纸质教材配套的"管理会计技能训练项目学习平台系统"，项目实训可在信息化平台上进行线上、线下训练，同时发挥"互联网+"的教育功能，减少记忆要求，将学习时间碎片化，实现自主学习、愉悦训练。

五是训练项目模板化。对专业训练项目提供阅读、分析、判断、总结、提炼的实训示范引导，训练案例报告提供模板文本，让学生运用示范引导，在报告模板基础上，采用填空、选择等方式实训专业技能点，形成完整的阅读、分析或决策建议报告文本。

六是训练学习成果化。学生通过在报告模板文本上的实训，形成较为规范完整的项目化报告成果。项目化报告成果进入学生的学习物化成果库，逐步积累成由学生训练完成的系列案例报告，可作为学生参加工作后的参考范例。

本套项目化训练教材和"管理会计技能训练项目学习平台系统"符合教育部门对高职高专教育教学的要求，深度适中，实践材料丰富，便于教学和专业技能训练，实务操作性强，与企业、单位管理会计实践相向而行。其项目内容的模块化、填充式、标准化、可组合、可扩展的特色充分体现了"做中学、学中做"，强化学生管理会计基本技能的训练，提升学习的针对性和应用性，在专业能力训练体系构建上有创新、有探索，理论与实践紧密结合。

本套项目化训练教材和"管理会计技能训练项目学习平台系统"主要适用于五年制高等职业教育会计类专业的课程教学，也适用于三年制高等职业教育、中等职业教育的财经类专业课程教学，还可以用于会计从业人员的学习、培训。管理会计报告模板文本和训练示范指引也可供广大中小企事业单位管理会计工作人员参考引用。

江苏联合职业技术学院财务会计专业协作委员会

2019 年 1 月

前言

如何构建与智慧会计时代背景相适应的管理会计技能训练项目课程体系，是江苏联合职业技术学院财务会计专业协作委员会 2018 年度所确定的课程建设重点课题。课题组在学习我国已颁布的管理会计基本指引和相关应用指引的基础上，根据五年制高职教育的基本特点和培养目标定位，对我国中小企事业单位管理会计工作发展现状进行了调研、论证和分析，确定以培养学生对财务信息和相关非财务信息的认知、解读、判断、分析、归纳、提炼和报告等管理会计专业技能为出发点，从管理会计工作报告的规范化撰写入手，开发一套能适应五年制高等职业教育学生的学习基础，实务操作性强，与企事业单位实践工作相向而行的模块化、填充式、标准化、可组合、可扩展的网络化技能训练项目化课程体系。"风险控制分析报告"就是本套管理会计技能训练项目课程体系中的基本训练项目课程。

大数据、云计算时代已经到来，人工智能技术也正在逐步发展和完善。在这一背景下，企事业单位为加强风险管理，主动推动相关管理会计工具和方法在风险管理领域的有效应用。各单位需要对风险进行有效评估、预警应对，才能保证自身风险管理目标的实现。准确把握企事业单位风险相关信息、开展企事业单位风险分析工作、提出风险控制管理建议是会计人员的基本专业技能。为此，本项目化训练课程的训练目标就是让学生会读风险相关信息、会写风险控制分析报告，即对风险案例明示的信息进行正确的阅读、理解，准确把握案例所传递的风险环境，通过对相关风险信息的判断、分析、归纳和提炼，撰写出较为规范的风险控制分析报告，提出相应的风险控制管理建议。

本项目化训练课程由纸质化教材和信息化训练平台系统组成。其中，纸质化教材由三个部分组成：

第一部分是"风险控制分析报告指引"，主要是指引学生认知我国目前企事业单位风险管理和内部控制的区别与联系、风险控制分析报告的撰写流程，告知学生风险控制分析报告的语言构成、风险类型、各类风险分析的关键点、风险控制的常见应用方法等。

第二部分是"风险控制分析报告示范"，根据案例资料和相关风险初始信息，经过"分段阅读，分析判断""分类归纳，提出对策""汇总完善，形成报告"三个步骤，提示、引导学生对风险管理案例资料进行认知、解读、判断、分析和归纳，进而撰写出规范、准确、科学的风险控制分析报告。

第三部分是"风险控制分析报告能力训练"，设计了四个不同类型的企业风险管理案例资料和一个事业单位的风险管理案例资料。案例资料是在收集真实的企事业单位风险管理资料的基础上整理形成的，所提供案例资料的专业深度或难度逐步加大，从不同的风险控制视角和要求上训练学生对风险初始信息的阅读能力、分析能力，使其体验风险控制分析报告的撰写，从而锻炼和提升学生运用所学的会计专业知识与技术提出问题、分析问题、解决问题的专业能力。

与纸质教材配套的课程信息化平台系统是与厦门九九网智科技有限公司合作开发的。学生能够在信息化平台上进行线上学习和实训训练，实现自主学习、愉悦训练，提升训练实效；借助训练案例报告模板，学生可采用填空、选择等方式形成完整的分析报告文本；同时，学生实训报告可自动转入学习物化成果库。借助信息化平台系统，本项目化训练课程可以很好地实现专业技能训练学习的信息化、模板化和成果化。

　　本项目化训练课程纸质教材由江苏联合职业技术学院常州旅游商贸分院刘振华副教授编著，江苏联合职业技术学院徐州财经分院郑在柏教授担任主审。江苏理工学院商学院陈国平副院长、张燕老师对书稿进行了审阅并提出了很好的指导意见，学院财务会计专业协作委员会管理会计技能训练教材开发调研组对本书的撰写进行了论证和指导。书中案例资料的收集得到了常州市远志会计服务有限公司和江苏苏亚金诚会计师事务所常州分所的大力协助和支持，在此一并感谢。

　　恳请使用本项目化训练课程的学校、老师、学生和相关单位提出宝贵意见，以使本书更加完善、实用、适用。联系电子邮箱：690486150@qq.com。

编著者
2019 年 8 月

第一部分　风险控制分析报告指引 ································· 001

第二部分　风险控制分析报告示范 ································· 015

第三部分　风险控制分析报告能力训练 ······························ 033

　训练案例1　YQ汽车股份有限公司风险控制分析报告 ············ 035
　训练案例2　SZ电子商务有限公司风险控制分析报告 ············ 052
　训练案例3　SN电器有限公司风险控制分析报告 ··············· 066
　训练案例4　DF高级中学风险控制分析报告 ··················· 079
　训练案例5　HQ银行风险控制分析报告 ······················ 088

第一部分

风险控制分析报告指引

风险是一个熟悉而又陌生的名词，早在 19 世纪，西方古典经济学派就提出了风险的概念，认为风险是经营活动的副产品，经营者的收入是其在经营活动中承担风险的报酬。

简单来说，风险就是指在一个特定的时间内和一定的环境条件下，人们所期望的目标与实际结果之间的差异程度。风险和收益是相伴相生的，一个企业想要发展，那就必然伴随着风险，风险是客观存在的。

在现代市场经济中，随着全球贸易以及电子信息技术的发展，企业面临风险的机会大大增多，人们意识到必须重视"风险能够导致变革和机会"这一理念，进而去分析、预测和控制风险，这就形成了风险管理。2016 年财政部制定了《管理会计基本指引》，风险管理是管理会计的重要组成部分之一。

风险管理就是在一个确定存在风险的环境下把风险可能造成的不良影响减至最低的管理过程。良好的风险管理有助于降低决策错误的概率、避免损失的可能、相对提高企业本身的附加价值。这对现代企业而言十分重要。

对于风险的研究存在两类学派：第一类是客观实体派，认为风险是客观存在的实体，是可以预测的，一切不利后果均以货币观点观察与计价。风险真实性的认定，则以数值的高低作为认定基础。第二类是主观构建派，认为风险不是测度的问题，它是构建过程的问题。

本教材主要以客观实体派的风险理论为依据，测度和控制相关风险。

风险管理基本流程包括以下主要工作：（1）收集风险管理初始信息；（2）进行风险分析；（3）制定风险管理策略；（4）提出和实施风险管理解决方案；（5）风险管理的监督与改进。在每一个风险管理周期，企业应当归纳和总结项目的主要风险，说明其原因、程度和可能造成的后果，以全面、清晰地展现项目的主要风险，同时将风险对策研究结果进行汇总，形成相应的风险管理报告。风险管理报告便于企业相关者更好地管理和监控风险，也能作为历史资料供企业反复研究和学习。

本教材着重讲解风险控制分析报告的编写样式。风险控制分析报告是风险管理的重要组成部分之一，主要围绕已经识别分析出的风险后果以及相应的风险决策这两部分展开，而对于识别风险的过程、方法以及风险的后续监控这些内容没有过多介绍。

在理解和掌握以下风险控制和风险分析的一些基本概念后，正确编写风险控制分析报告并非难事。

一、风险管理和内部控制的区别与联系

每个企业有不同的发展目标，在实现目标的过程中有很多不确定性因素，这种不确定性就是风险。因此，做好风险管理对企业的发展至关重要。风险管理不同于内部控制，内部控制是审计学研究的重要内容之一。为了能够更好地理解风险管理，这里先对风险管理与内部控制进行比较分析，避免读者将二者混淆。

1. 内部控制的概念

在《内部控制整合框架》中，美国反虚假财务报告委员会下属的发起人委员会（The Committee of Sponsoring Organizations of the Treadway Commission，COSO）将内部控制定义为：内部控制是由一个企业的董事会、管理人员和其他职员实施的一个过程。其目的是为提高经营活动的效果和效率、确保财务报告的可靠性、促使与可适用的法律相符合提供一种合理的保证。

内部控制包括五大要素：控制环境（为控制创造条件）、风险评估（评估分析，实现目标）、控制活动（实施控制行为）、信息与沟通（贯穿

整个过程）、监督（监管实施，可持续发展）。

2. 风险管理与内部控制的联系

（1）两者都是一个过程，贯穿整个企业活动。

（2）两者有共同的目标，都是为了维护企业发展，保证企业的经营效益，为企业提供可持续经营保障。

（3）两者都由企业相关人员负责实施，并且人员相互间会受到影响。

（4）内部控制的五大要素被完全包含在风险管理中，内部控制的着重点也是风险管理的关注点。

3. 风险管理与内部控制的区别

（1）两者内涵不同：风险管理的目的是及时发现风险、预测风险以及防止风险造成的不良影响，把不良影响降到最低，以最低成本实现企业最大安全保障。而内部控制的目的是保证企业经营管理合法合规、资产安全以及财务信息真实准确，提高企业经营效率。

（2）两者涉及的范畴不同：风险管理不仅包括了内部控制的内容，还将市场、法律等外部环境纳入企业的经营管理之中，是从整体层面对企业进行管理。而内部控制侧重于杜绝虚假信息造成的财务舞弊，加上运营、战略等方面的控制，主要体现企业内部的管理控制。在当今复杂的经济社会环境下，仅有内部的管理控制，无法满足企业发展需求。

二、风险的分类

风险是生产生活的组成部分，风险无处不在。除了政策、制度和环境等客观风险外，我们个人也在时刻制造风险。风险的分类说法不一，但是涵盖的具体内容是类似的。

本教材参考国务院国有资产监督管理委员会（SASAC）在《中央企业全面风险管理》中对风险的分类，把风险分为市场风险、法律风险、财务风险、运营风险和战略风险五大类。这五类风险之间并非是完全独立的，而是互相关联、互相影响的。

1. 市场风险

市场风险是指产品或服务的供需、原材料等物资的供需、客户和供应商的信用、汇率和利率变动、市场竞争者和替代品等风险因素给企业经营带来的影响。

2. 法律风险

法律风险是指国内外相关的法律政治环境、新推出的法律政策、员工道德素养、重大合同的签订、相关知识产权情况等风险因素给企业经营带来的影响。

3. 财务风险

财务风险是指相关的财务指标变动、盈利能力、成本核算、资金结算、相关会计估算和会计政策变动等风险因素给企业经营带来的影响。

4. 运营风险

运营风险是指企业产品结构和产品质量、新市场开发、产品定价和营销策略、企业组织管理、人才分布结构、信息安全、自然灾害、现有业务流程和信息系统操作运行情况的监管等风险因素给企业经营带来的影响。

5. 战略风险

战略风险是指科技的进步、战略伙伴关系、投融资规划等风险因素给企业经营带来的影响。

三、风险分析

风险分析作为风险管理的重要步骤之一，是指在收集完初始信息之后，对企业的相关信息和企业各项业务管理及其重要业务流程进行风险评估。

初始信息涉及与本企业风险及风险管理相关的内部信息和外部信息,包括历史数据和未来预测。收集初始信息要根据所分析的风险类型具体展开。

1. 定性分析和定量分析

风险分析是对风险影响及后果进行评价和估量,包括定性分析和定量分析。

定性分析是评估已识别风险的影响和可能性的过程,按风险对项目目标可能的影响进行排序,通过比较风险值确定项目总体风险级别。

定量分析是量化分析每一风险的概率及其对项目目标造成的后果,也分析项目总体风险的程度,通过量化各个风险对项目目标的影响程度,甄别出最需要关注的风险。

2. 风险分析的常用方法

(1) 专家调查法:也称专家咨询法、专家意见法、经验分析法,是基于专家的知识、经验和直觉,发现潜在风险的分析方法。专家调查法适用于风险分析的全过程,主要包括头脑风暴法、德尔菲法、风险专家调查列举法、编制风险识别调查表和风险对照调查表等。

(2) 风险综合评价法:最常用、最简单的分析方法是根据调查专家的意见,获得风险因素的权重和发生概率,进而获知项目的整体风险程度。

(3) 风险概率估计法:包括客观概率估计和主观概率估计。客观概率是实际发生的概率,可以根据历史统计数据或通过大量的试验来推定;而主观概率是基于经验、知识或类似事件比较由专家推断出的概率。

(4) 风险解析法:也称风险结构分解法,它将一个复杂系统分解为若干子系统,通过对子系统的分析进而把握整个系统的特征。

(5) 故障树分析法:也叫风险树分析法,通过分析系统中不希望出现的状态,找到系统失效的原因,进而找到降低风险的最佳方式。该分析法遵循逻辑学的演绎分析原则，即仿照树型结构，将多种风险画成树状，进行多种可能性分析。在此基础上对每种可能性给出概率，则为概率树法，它可以更为准确地判断每种风险发生的概率大小，进而计算出风险的总概率。

（6）敏感性分析法：是指从定量分析的角度研究有关因素发生某种变化对某一个或某一组关键指标影响程度的一种不确定分析技术。其实质是通过逐一改变相关变量数值的方法来解释关键指标受这些因素变动影响大小的规律。敏感性因素一般可选择主要参数（如销售收入、经营成本、生产能力、初始投资、寿命期、建设期、达产期等）进行分析。若某参数的小幅度变化能导致经济效果指标的较大变化，则称此参数为敏感性因素，反之则称其为非敏感性因素。

另外，还有流程图法、情景分析法、危险与可操作性研究法，等等。

四、风险控制

风险控制作为制定风险管理策略的主要工具之一，是在风险分析结果的基础上，采取各种措施和方法，消除或减少风险事件发生的各种可能性，或者减少风险事件发生时造成的损失。风险控制的过程就是做出风险决策，以有效应对风险的过程。

风险控制的四种基本方法是风险回避、损失控制、风险转移和风险保留。

1. 风险回避

风险回避是指企业主体有意识地放弃风险行为，完全避免特定的损失风险。风险回避是一种最消极的风险处理办法，因为企业主体在放弃风险行为的同时，往往也放弃了潜在的目标收益。所以一般只有在以下情况下才会采用这种方法：

（1）企业主体对风险极端厌恶。

（2）存在可实现同样目标的其他方案，其风险更低。

（3）企业主体无能力消除或转移风险。

（4）企业主体无能力承担该风险，或承担风险后得不到足够的补偿。

风险回避的具体办法有：

（1）通过制定相关管理办法来明确高风险的标准，审查投融资方案，避免高风险业务带来无法承担的损失。

（2）在确定企业业务发展和市场拓宽目标时，避免追逐"偏离战略"的机会，要实时调整战略，合理分配资源，做好未来规划。

（3）通过停止个别或相关业务来回避风险；对于高风险高收益产品或服务，也主动避开。

2. 损失控制

损失控制不是放弃风险，而是制订计划和采取措施，来降低损失的可能性，或者是减少实际损失。

损失控制的阶段包括事前、事中和事后三个阶段。事前控制主要是为了降低损失的概率，事中和事后的控制主要是为了减少实际发生的损失。

损失控制的具体办法有：

（1）事前控制，即预防风险，通过一系列投入，如人才引进、先进信息技术的引入等，对风险进行预防。这种办法虽然耗费成本，但是跟损失相比，是绝对划算的。

（2）事中、事后控制，即在风险无法避免的情况下，采取措施将损失降到最低。如果风险已经发生，那就针对风险管控点，及时采取解决措施去弥补，并且减少以后再发生的概率。比如泥石流等灾害已经发生了，我们能做的是植树造林，保护生态环境。

3. 风险转移

风险转移，是指通过合同或者协议，将企业的风险转移给受让方承担的行为。风险转移的主要方式是合同转移和保险转移。

（1）合同转移：通过签订合同，将全部或部分风险转移给一个或多个其他参与者。

（2）保险转移：通过投保，将全部或部分风险转移给保险公司。这是使用最为广泛的风险转移方式。

风险转移的具体办法有：

（1）针对利率和汇率变动带来的风险，经济主体可以签订套期保值协议、利率期货、利率期权等。

（2）转包，把企业内部的一些业务交给外部人竞争获取，与外部人共同分担风险。外部人竞争的过程，也是企业选择最合理转包人的过程。

（3）投保，购买保险和理赔，在发生巨大损失的时候，得到弥补。例如，购买车险就是一种常见的风险转移办法。

4. 风险保留

风险保留，即风险承担。也就是说，如果损失发生，企业主体将以当时可利用的任何资金进行支付。风险保留包括无计划自留和有计划自我保险两种措施。

（1）无计划自留：指风险损失发生后用收入支付，即不是在损失前做出资金安排。当企业主体没有意识到风险并认为损失不会发生时，或将意识到的与风险有关的最大可能损失显著低估时，就会采用无计划自留方式承担风险。一般来说，无计划自留应当谨慎使用，因为如果实际总损失远远大于预计损失，将引起资金周转困难。

（2）有计划自我保险：指在可能的损失发生前，通过做出各种资金安排以确保损失出现后能及时获得资金以补偿损失。有计划自我保险主要通过建立风险预留基金的方式来实现。

五、风险控制分析报告

1. 分析报告形成步骤

（1）从市场风险、法律风险、财务风险、运营风险和战略风险这五个风险层面收集并提炼与本企业风险管理相关的初始信息。

（2）分别归纳每条初始信息背后的主要风险，说明其风险类型、风险成因和可能造成的风险后果，以全面清晰地展现项目的风险情况。

（3）针对分析出的风险管控点，提出相应的风险控制对策。

（4）将相同的或者相关联的风险类型归纳到一起，用较为专业的语言分析论述，每类风险后果都与风险决策一一对应，形成完整的风险控制分析报告。

2. 分析报告关键点及信息分析语言（表1）

表1　分析报告关键点及信息分析语言

分析风险类别	初始信息	风险分析关注点	简要的风险决策
市场风险	广泛收集国内外企业因忽视市场风险、缺乏应对措施而导致企业蒙受损失的案例	（1）产品或服务的供需变化 （2）能源、原材料、配件等物资供应的充足性、稳定性和价格变化 （3）主要客户、主要供应商的信用情况 （4）税收政策、利率、汇率和股票价格指数的变化 （5）潜在竞争者、竞争者及其主要产品和替代品情况	（1）根据市场偏好和需求调整产品或服务的内容 （2）及时补充原材料，时刻关注能源价格，价格较低时多购买 （3）做好客户、供应商信用调查，稳固市场份额 （4）时刻关注最新政策，采取套期保值等降低利率、汇率损失的办法 （5）知己知彼才能百战百胜，在提升自身产品质量、占据市场份额的同时，也要了解竞争者情况，拓宽市场份额

续表

分析风险类别	初始信息	风险分析关注点	简要的风险决策
法律风险	广泛收集国内外企业因忽视法律法规风险、缺乏应对措施而导致企业蒙受损失的案例	（1）国内外与该企业相关的政治、法律环境 （2）影响企业的新法律法规和政策 （3）员工道德操守的遵从性 （4）企业签订的重大协议和有关贸易合同 （5）企业发生重大法律纠纷案件的情况 （6）企业和竞争对手的知识产权情况	（1）学习掌握最新的法律政策，做好相应的经营调整和风险防范 （2）定期进行员工培训，在提升员工职业素养的同时，预防道德风险 （3）咨询合同法专业人士，避免因合同漏洞或合同违反法律和政策而带来损失 （4）吸取经验和教训，时刻督促，避免错误重犯 （5）对于自身的知识产权要申请专利保护，对于他人的知识产权要了解，避免侵权行为的发生
财务风险	广泛收集国内外企业因财务风险失控而导致危机的案例	（1）负债、或有负债、负债率、偿债能力 （2）现金流、应收账款及其占销售收入的比重、资金周转率 （3）产品存货及其占销售成本的比重、应付账款及其占购货额的比重 （4）制造成本、管理费用、财务费用、销售费用 （5）盈利能力 （6）成本核算、资金结算和现金管理业务中曾发生或易发生失误的流程与环节	（1）时刻关注各项重要财务数据指标值，及时做好经营计划调整，避免财务风险 （2）制定合理的成本控制和资金授权审批流程等财务制度 （3）落实催收款项责任制，应收账款的回收与个人绩效考核及奖惩情况挂钩 （4）对固定资产和存货进行专业化系统管理

续表

分析风险类别	初始信息	风险分析关注点	简要的风险决策
运营风险	广泛收集与该企业、本行业相关的信息	(1) 产品结构、新产品研发 (2) 新市场开发和市场营销策略，包括产品或服务的定价与销售渠道、市场营销环境状况等 (3) 企业组织效能，管理现状，企业文化，中高层管理人员和重要业务流程中专业人员的知识结构、专业经验 (4) 期货等衍生产品业务中曾发生或易发生失误的流程和环节 (5) 质量、安全、环保等管理中曾发生或易发生失误的业务流程和环节；给企业造成损失的自然灾害以及除上述有关情形之外的其他纯粹风险 (6) 对现有业务流程和信息系统操作运行情况的监管、运行评价及持续改进能力 (7) 企业风险管理的现状和能力	(1) 合理确定产品结构，谨慎研发新产品 (2) 结合市场风险，合理定价，拓展市场 (3) 提高经营质量和服务质量，生产质优价廉、便于销售的产品；在服务上，形成售前、售中、售后的服务体系 (4) 对现有业务流程和信息系统操作运行情况进行监管、运行评价及持续改进；建立办公自动化、无纸化系统，提高日常办事和审批效率 (5) 适当引入新兴专业人才，合理分配业务流程中的人员，提升员工办事效率 (6) 加强信息技术的安全防护，确保企业内部信息的隐私
战略风险	广泛收集国内外企业因战略风险失控而导致企业蒙受损失的案例	(1) 对科技进步、技术创新的投资 (2) 与企业战略合作伙伴的关系，未来寻求战略合作伙伴的可能性 (3) 企业发展战略和规划、投融资计划、年度经营目标、经营战略，以及编制这些战略、规划、计划、目标的有关依据 (4) 企业对外投融资业务中曾发生或易发生失误的流程和环节	(1) 牢牢抓住合作多年、知名度高、信用好的供应商，建立战略合作伙伴关系；各品牌效应互相影响，共同占领市场 (2) 合理制定企业发展战略和规划、投融资计划、年度经营目标、经营战略等，同时拿出编制这些战略、规划、计划、目标的有关依据，使得战略措施更加严谨

第二部分

风险控制分析报告示范

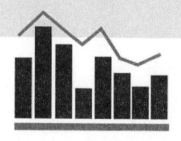

一、企业基本情况

1. 名称：HX 牛奶食品有限公司（简称"HX 公司"）。

2. 性质：中小型非上市有限责任公司（增值税一般纳税人）。

3. 公司为制造业企业，主要生产和销售牛奶饮品、奶味饼干两种产品。

4. 制造业企业风险控制侧重点：现金流、利润率、市场占有率、质量状态、成本控制等财务风险；人才流动等运营风险；竞争对手情况等战略风险；市场风险；法律风险。

二、企业初始信息

HX 公司成立于 1993 年，坐落在浙江省中部中心城市——金华市境内。金华素有"中国南方奶牛之乡"的美称，奶业和乳制品业是金华市的农业支柱产业之一。HX 公司是浙江省最大的乳制品企业，年生产能力 30 万吨，是中国乳制品行业十大优秀企业之一。HX 公司的奶源采集采用牧场模式，即专门购买集中饲养奶牛牧场的奶，进行再加工。公司成立至今一直与奶源供应商 A 公司保持合作关系，近十年供应商未涨价，HX 公司的产品市场价格也没有上调。HX 公司的产品主要用于零售批发，客户多且杂的同时，均是小批量进货。

2008 年的三鹿集团三聚氰胺事件造成了乳制品行业的动荡和低迷，也给整个乳制品行业敲响了警钟。国家极度重视"三鹿"事件，出台了一系列监管政策。2008 年，HX 公司扛过了低迷期。

HX 公司的总经理多次回顾"三鹿"事件的案例，时刻吸取教训。"三鹿"事件大致情况如下：

对于乳业而言，要实现产能的扩张，就要实现对奶源的控制。为了不丧失对奶源的控制，三鹿集团在有些时候接受了质量低下的原奶。据了解，三鹿集团在石家庄收奶时对原奶要求比其他企业低。

对于奶源质量的要求，乳制品行业一般认为巴氏奶和酸奶对奶源质量要求较高，超高温瞬时灭菌（UHT）奶次之，奶粉对奶源质量要求较低，冰激凌等产品更次之。因此，三鹿集团祸起奶粉，也就不足为奇。

另外，三鹿集团大打价格战以提高销售额，此举挤压了没有话语权的产业链前端环节的利润。尽管三鹿集团的销售额从2005年的74.53亿元激增到2007年的103亿元，但是三鹿集团从未将公司与上游环节进行有效的利益捆绑，因此，上游企业要想保住利润，就必然会牺牲奶源质量。

河北省一位退休高层领导如此评价原三鹿集团董事长田文华："随着企业的快速扩张，田文华头脑开始发热，出事就出在管理上。"

作为与人们生活饮食息息相关的乳制品企业，三鹿集团本应加强奶源建设，充分保证原奶质量，然而在实际执行中，三鹿集团将大部分资源聚焦到了保证原奶供应上。

三鹿集团"奶牛＋农户"饲养管理模式在执行中存在重大风险。乳业在原奶及原料的采购上主要有四种模式，分别是牧场模式（牧场集中饲养百头以上奶牛，统一采奶配送）、奶牛养殖小区模式（由小区业主提供场地，奶农在小区内各自喂养自己的奶牛，由小区统一采奶配送）、挤奶厅模式（奶农各自散养奶牛，然后将奶牛送到挤奶厅统一采奶配送）、交叉模式（前面三种模式交叉）。三鹿集团的散户奶源比例占到一半，且形式多样，要实现对数百个奶站在原奶生产、收购、运输环节实时监控几乎是不可能的，只能依靠最后一关的严格检查，加强对蛋白质等指标的检测，但如此一来，滋生了层出不穷的作弊手段。

然而，三鹿集团的反舞弊监管不力。该企业负责奶源收购的工作人员往往被奶站"搞定"了，这样就形成了行业"潜规则"，不合格的奶制品就在商业腐败中流向市场。

另外，三鹿集团对贴牌生产的合作企业监控不严，产品质量风险巨大。贴牌生产能使企业规模迅速扩张，可也给三鹿集团的产品质量控制带来了风险。至少在个别贴牌企业的管理上，三鹿集团的管理并不严格。

目前HX企业的发展还算稳定，但是近年来，一些地方的乳业公司逐步发展，占领了一部分市场份额。国内乳业巨头蒙牛、伊利和光明更是牢牢占据榜单前三位，申请了很多产品专利权，市场根基稳扎稳打。当前经济市场不算稳定，交易市场和投资市场变动较为频繁，国际经营环境较为复杂。考虑到公司的可持续发展，HX公司想要扩大市场份额，进一步突破自己。

HX公司吸取有关教训的同时，也借鉴乳业巨头的经营策略。

光明乳业目前从事乳及乳制品的开发、生产和销售，奶牛的饲养、培育，物流配送，营养保健食品的开发、生产和销售等业务。其业务始于1911年，经过100多年的不断发展，逐步确立以各类乳制品的开发、生产和销售为主营业务，是中国高端乳品的引领者。公司拥有世界一流的乳品研究院、乳品加工设备以及先进的乳品加工工艺，主营产品包括新鲜牛奶、新鲜酸奶、乳酸菌饮品、常温牛奶、常温酸奶、奶粉、奶酪、黄油等多个品类。

光明乳业拥有自己的乳业实验室及科研队伍，目前已收购多家国外企业，通过打造全产业链，把牧场管理、乳品加工、物流冷链、品牌销售联结到一起，层层监控，确保高品质的产品与服务始终如一。

截至2018年年底，HX公司财务信息情况如下：2018年应收账款周转率为2.91；存货周转率为2.56；资产负债率为46%；销售利润稳定增长，较上年同期增长20%，销售利润率为8%；市场占有率较上年变化不大，在3%左右。随着企业引入新的技术和设备，吸引高端人才，企业相关费用和成本必然增加，预计产品价格将有所上调。

1. 依据风险控制分析报告指引，阅读收集到的企业初始信息。为了便于分析，可以分段判断各段落包含哪些风险，在相应的风险类型前的方框中打钩。

2. 根据风险类型，判断可以分析出哪些风险后果，依据提示补充完整对应的风险分析后果。

3. 根据分析出的风险后果和影响，提出对应的风险控制对策，做好监督和改进，并且归纳汇总，形成完整的风险控制分析报告。

一、分段阅读，分析判断

1. HX 公司成立于 1993 年，坐落在浙江省中部中心城市——金华市境内。金华素有"中国南方奶牛之乡"的美称，奶业和乳制品业是金华市的农业支柱产业之一。HX 公司是浙江省最大的乳制品企业，年生产能力 30 万吨，是中国乳制品行业十大优秀企业之一。HX 公司的奶源采集采用牧场模式，即专门购买集中饲养奶牛牧场的奶，进行再加工。公司成立至今一直与奶源供应商 A 公司保持合作关系，近十年供应商未涨价，HX 公司的产品市场价格也没有上调。HX 公司的产品主要用于零售批发，客户多且杂的同时，均是小批量进货。

（1）该段落包含的风险有：☑市场风险；☐法律风险；☐财务风险；☑运营风险；☐战略风险。

（2）根据提示，补充完整对应的风险分析后果，为形成完整的风险控制分析报告做准备。

① 奶源供应商充足性和稳定性的变化带来的风险：HX 公司供应商只有一个，过于单一，一旦供应商 A 公司出现问题，HX 公司供应链将面临断裂风险。

② 公司客户多且杂，存在主要客户的信用风险：如果客户在账款到期时不予支付，将对公司造成一定的冲击与影响。

③ 公司产品结构、市场替代品较多引发的风险：HX 公司以生产和销售调味乳制品及乳味饼干为主，产品过于传统单一，极易被竞争者替代。

2. 2008 年的三鹿集团三聚氰胺事件造成了乳制品行业的动荡和低迷，也给整个乳制品行业敲响了警钟。国家极度重视"三鹿"事件，出台了一系列监管政策。2008 年，HX 公司扛过了低迷期。

HX 公司的总经理多次回顾"三鹿"事件的案例，时刻吸取教训。"三鹿"事件大致情况如下：

对于乳业而言，要实现产能的扩张，就要实现对奶源的控制。为了不丧失对奶源的控制，三鹿集团在有些时候接受了质量低下的原奶。据了解，三鹿集团在石家庄收奶时对原奶要求比其他企业低。

对于奶源质量的要求，乳制品行业一般认为巴氏奶和酸奶对奶源质量要求较高，超高温瞬时灭菌（UHT）奶次之，奶粉对奶源质量要求较低，冰激凌等产品更次之。因此，三鹿集团祸起奶粉，也就不足为奇。

另外，三鹿集团大打价格战以提高销售额，此举挤压了没有话语权的产业链前端环节的利润。尽管三鹿集团的销售额从 2005 年的 74.53 亿元激增到 2007 年的 103 亿元，但是三鹿集团从未将公司与上游环节进行有效的利益捆绑，因此，上游企业要想保住利润，就必然会牺牲奶源质量。

河北省一位退休高层领导如此评价原三鹿集团董事长田文华："随着企业的快速扩张，田文华头脑开始发热，出事就出在管理上。"

作为与人们生活饮食息息相关的乳制品企业，三鹿集团本应加强奶源建设，充分保证原奶质量，然而在实际执行中，三鹿集团将大部分资源聚焦到了保证原奶供应上。

三鹿集团"奶牛＋农户"饲养管理模式在执行中存在重大风险。乳业在原奶及原料的采购上主要有四种模式，分别是牧场模式（牧场集中饲养百头以上奶牛，统一采奶配送）、奶牛养殖小区模式（由小区业主提供场地，奶农在小区内各自喂养自己的奶牛，由小区统一采奶配送）、挤奶厅模式（奶农各自散养奶牛，然后将奶牛送到挤奶厅统一采奶配送）、交叉模式（前面三种模式交叉）。三鹿集团的散户奶源比例占到一半，且形式多样，要实现对数百个奶站在原奶生产、收购、运输环节实时监控几乎是不可能的，只能依靠最后一关的严格检查，加强对蛋白质等指标的检测，但如此一来，滋生了层出不穷的作弊手段。

然而，三鹿集团的反舞弊监管不力。该企业负责奶源收购的工作人员往往被奶站"搞定"了，这样就形成了行业"潜规则"，不合格的奶制品就在商业腐败中流向市场。

另外，三鹿集团对贴牌生产的合作企业监控不严，产品质量风险巨大。贴牌生产能使企业规模迅速扩张，可也给三鹿集团的产品质量控制带来了风险。至少在个别贴牌企业的管理上，三鹿集团的管理并不严格。

（1）该段落包含的风险有：☐市场风险；☐法律风险；☑财务风险；☑运营风险；☐战略风险。

（2）根据提示，补充完整对应的风险分析后果，为形成完整的风险控制分析报告做准备。

① 三鹿集团为了扩张规模，产品质量管控存在风险。为了不丧失对奶源的控制，接受质量低下的原奶，埋下安全卫生隐患。在各个环节检测马虎，质量控制管理水平低下。总的来说，<u>三鹿集团缺乏严格的风险管理流程，企业管理者风险意识薄弱</u>。

② HX 公司为了扩张打价格战，存在亏损甚至破产风险。如果一味地扩大市场，调低售价，依赖银行借款，最终将资不抵债，资金无法周转。

3. 目前 HX 公司的发展还算稳定，但是近年来，一些地方的乳业公司逐步发展，占领了一部分市场份额。国内乳业巨头蒙牛、伊利和光明更是牢牢占据榜单前三位，申请了很多产品专利权，市场根基稳扎稳打。当前经济市场不算稳定，交易市场和投资市场变动较为频繁，国际经营环境较为复杂。考虑到公司的可持续发展，HX 公司想要扩大市场份额，进一步突破自己。

HX 公司吸取有关教训的同时，也借鉴乳业巨头的经营策略。

光明乳业目前从事乳及乳制品的开发、生产和销售，奶牛的饲养、培育，物流配送，营养保健食品的开发、生产和销售等业务。其业务始于 1911 年，经过 100 多年的不断发展，逐步确立以各类乳制品的开发、生产和销售为主营业务，是中国高端乳品的引领者。公司拥有世界一流的乳品研究院、乳品加工设备以及先进的乳品加工工艺，主营产品包括新鲜牛奶、新鲜酸奶、乳酸菌饮品、常温牛奶、常温酸奶、奶粉、奶酪、黄油等多个品类。

光明乳业拥有自己的乳业实验室及科研队伍，目前已收购多家国外企业，通过打造全产业链，把牧场管理、乳品加工、物流冷链、品牌销售联结到一起，层层监控，确保高品质的产品与服务始终如一。

（1）该段落包含的风险有：☑市场风险；□法律风险；□财务风险；□运营风险；□战略风险。

（2）根据提示，补充完整对应的风险分析后果，为形成完整的风险控制分析报告做准备。

① HX 公司想要扩大市场份额，存在太过急躁和盲目而适得其反的战略风险。太过急于求成，容易在发展规划和经营目标战略制定上有所疏

漏，缺乏适合公司现状的规划依据，导致公司日后的<u>战略经营危机</u>。

② 当前经济市场不算稳定，国内三巨头拥有大量的知识产权和创新产品，而 HX 公司仅有传统的产品。新产品的开发和研究固然重要，但是这背后存在着新产品开发的资金投入多少、新产品的市场认可度情况以及对应的知识产权情况等风险。新产品研发的资金投入至关重要，如果投入过多，一旦市场认可度不理想导致产品滞销，<u>将会带来一系列资金、存货周转等财务问题</u>。在新产品研发过程中，对自身的知识产权要注意申请保护；而在模仿和参考巨头企业的过程中，<u>要着重注意知识产权的法律风险，切忌抄袭</u>。在信息高速发展的现代社会，负面新闻对于一个企业来说，影响很可能是致命的。

4. 截至 2018 年年底，HX 公司财务信息情况如下：2018 年应收账款周转率为 2.91；存货周转率为 2.56；资产负债率为 46%；销售利润稳定增长，较上年同期增长 20%，销售利润率为 8%；市场占有率较上年变化不大，在 3% 左右。随着企业引入新的技术和设备，吸引高端人才，企业相关费用和成本必然增加，预计产品价格将有所上调。

（1）该段落包含的风险有：□市场风险；□法律风险；☑财务风险；□运营风险；□战略风险。

（2）根据提示，补充完整对应的风险分析后果，为形成完整的风险控制分析报告做准备。

涉及财务数据指标时，企业需要关注财务风险。HX 公司应收账款周转率为 2.91，该数值基本正常，但是如果一直处于这个数值水平，<u>则资产流动性及短期偿债能力并不理想，应收账款无法及时收回，企业存在较大的资金周转风险</u>。企业存货周转率为 2.56，<u>反映出存货的周转速度一般，资金的使用效率较低，企业经营绩效风险较大</u>。企业资产负债率、销售利润率的数值较为正常，<u>说明企业有一定的偿债能力及盈利能力</u>。市场占有率需要保持，企业存在一定的被竞争对手替代的市场风险。企业相关费用和成本增加，<u>成本核算、资金结算和现金管理等环节存在相应的财务风险</u>，过高的成本导致产品价格的上调，而产品价格关系到企业的存货周转、市场份额及销售利润。

二、分类归纳，提出对策

通过上面的分段落阅读和判断，将属于同一个类型的风险归纳到一起，便于总结分析，得出全面的风险控制对策，为形成完整的风险控制分析报告做准备。

1. 以下选项中，属于市场风险的有___A B C___；属于法律风险的有___H___；属于财务风险的有___E G I J___；属于运营风险的有___D___；属于战略风险的有___F___。

A. HX 公司供应商只有一个，过于单一，一旦供应商 A 公司出现问题，HX 公司供应链将面临断裂风险。

B. HX 公司客户多且杂，存在主要客户的信用风险。如果客户在账款到期时不予支付，将对公司造成一定的冲击与影响。

C. HX 公司产品结构、市场替代品较多引发的风险。HX 公司以生产和销售调味乳制品及乳味饼干为主，产品过于传统单一，极易被竞争者替代。

D. "三鹿"事件敲响了警钟。为了不丧失对奶源的控制，三鹿集团接受质量低下的原奶，埋下安全卫生隐患。同时，该企业在各个环节检测马虎，质量控制管理水平低下。总的来说，三鹿集团缺乏严格的风险管理流程，企业管理者风险意识薄弱。

E. HX 公司为了扩张打价格战，存在亏损甚至破产风险。如果一味地扩大市场，调低售价，依赖银行借款，最终将资不抵债，资金无法周转。

F. HX 公司想要扩大市场份额，太过急于求成，容易在发展规划和经营目标战略制定上有所疏漏，缺乏适合公司现状的规划依据，导致公司日后的战略经营危机。

G. HX 公司目前生产的还是传统的产品，新产品研发的资金投入至关重要，如果投入过多，一旦市场认可度不理想导致产品滞销，将会带来一系列资金、存货周转等财务问题。

H. HX 公司在新产品研发过程中，对自身的知识产权要注意申请保护；而在模仿和参考巨头企业的过程中，要着重注意知识产权的法律风险，切忌抄袭。在信息高速发展的现代社会，负面新闻对于一个企业来说，影响很可能是致命的。

I. HX 公司应收账款周转率为 2.91，该数值基本正常，但是如果一直处于这个数值水平，则资产流动性及短期偿债能力并不理想，应收账款无法及时收回，企业存在较大的资金周转风险。企业存货周转率为 2.56，反映出存货的周转速度一般，资金的使用效率较低，企业经营绩效风险较大。

J. HX 公司相关费用和成本增加，成本核算、资金结算和现金管理等环节存在相应的财务风险，过高的成本导致产品价格的上调，而产品价格关系到企业的存货周转、市场份额及销售利润。

2. 以下选项中，属于市场风险控制对策的有__BJ__；属于法律风险控制对策的有__MN__；属于财务风险控制对策的有__DFGK__；属于运营风险控制对策的有__CEHI__；属于战略风险控制对策的有__AL__。

A. 尽可能与大公司和有着良好合作关系的老客户合作，不与陌生的小公司合作，以形成未来战略伙伴为合作目标。

B. 对客户进行信用调查分析，在销售货物之前，对客户进行一定的信用状况判断分析，并且在经过内部授权审批后再从事相应的销售业务，以控制信用风险。

C. 提高经营质量和服务质量，生产质优价廉便于销售的产品；在服务上，形成售前、售中、售后的服务体系。

D. 落实催收款项责任制，应收账款的回收与个人绩效考核及奖惩情况挂钩。

E. 对现有业务流程和信息系统操作运行情况进行监管、运行评价及持续改进。建立办公自动化、无纸化系统，提高日常办事和审批效率。

F. 进行财务信息一体化建设，提升企业资金流入流出数据查询、汇总及报表生成的便捷性，提升财务信息质量；通过企业资源计划（ERP）系统对存货的日常出入库及检验流程进行控制把关；安排存货管理专员定期进行全面盘点清查工作，及时发现毁损情况。

G. 对于生产、研发用的机器设备等固定资产，建立相应的管理制度，规范采购、验收、定期检查、报废等业务流程，定期进行清查盘点，有效避免企业的固定资产管理风险，实现固定资产保值增值的管理目标。

H. 适当引入新兴专业人才，合理分配业务流程中的人员，提升员工办事效率。

I. 严格做好新市场开发和市场营销策略，包括产品或服务的定价与销售渠道、市场营销环境状况等。做好市场问卷调查，结合企业自身情况，选择合理的产品定位。

J. 时刻关注市场产品的价格及供需变化，还要关注企业原材料等物资供应的充足性、稳定性和价格变化，尽力多发展有保障的供应商。

K. 制定合理的成本控制和资金授权审批流程等财务制度，关注资产负债、存货周转、应收账款周转等财务情况，合理投资，谨慎研发。

L. 合理制定企业发展战略和规划、投融资计划、年度经营目标、经营战略等，同时拿出编制这些战略、规划、计划、目标的有关依据，使得战略措施更严谨。

M. 时刻关注国内外与企业相关的政治、法律环境，形成属于自己的知识产权，并且关注竞争对手的知识产权情况。

N. 定期检查企业员工的个人素养与职业道德操守情况，增加专业性和凝聚力。

三、汇总完善，形成报告

将上述第二项练习中选出的风险与风险对策进行匹配，用适当的语句汇总成文，也可以补充更多合理的风险对策，形成完整的风险控制分析报告。

HX 牛奶食品有限公司 2018 年度风险控制分析报告

分析报告人：_____

2018 年度，公司运行管理情况总体稳中有进，2008 年三鹿集团的三聚氰胺事件时刻警醒着行业内企业。随着食品行业多元化、丰富化的发展，乳制品行业三巨头伊利、蒙牛和光明的市场份额遥遥领先同类企业。公司应在吸取有关教训和借鉴领军者经验的前提下，致力于在客户、供应商、产品价格上有所突破。此外，新产品的研发和企业规章制度的完善管理也是公司应该时刻关注的问题。

通过对国内外同行业情况及相关条例政策的初始资料进行归集和分析可知，公司的风险主要涉及市场风险、法律风险、财务风险、运营风险和战略风险这五个层面。风险情况分析及对应的风险决策措施如下：

一、市场风险

公司供应商只有一个，过于单一，一旦供应商 A 公司出现问题，企业供应链将面临断裂风险。对此，公司需要时刻关注市场产品的价格及供需变化，还要关注企业原材料等物资供应的充足性、稳定性和价格变化，尽力多发展有保障的供应商。

公司客户多且杂，存在主要客户的信用风险。如果客户在账款到期时不予支付，将对公司造成一定的冲击与影响。对此，公司需要对客户进行信用调查分析，在销售货物之前，对客户进行一定的信用状况判断分析，并且在经过内部授权审批后再从事相应的销售业务，以控制信用风险。

公司以生产和销售调味乳制品及乳味饼干为主，产品过于传统单一，极易被竞争者替代。对此，与运营风险联系起来，公司应严格做好新市场开发和市场营销工作，包括产品或服务的定价与销售渠道以及市场营销环境状况分析等。做好市场问卷调查，结合企业自身情况，选择合理的产品定位。

公司为了扩张打价格战，存在亏损甚至破产风险。如果一味地扩大市场，调低售价，依赖银行借款，最终将资不抵债，资金无法周转。对此，联系财务风险，公司应合理定价。另外，公司短期偿债能力不是很强，资金流动性一般，需要时刻关注负债情况。

二、法律风险

公司在新产品研发过程中，对自身的知识产权要注意申请保护；而在模仿和参考巨头企业的过程中，要着重注意知识产权的法律风险，切忌抄袭。在信息高速发展的现代社会，负面新闻对于一个企业来说，影响很可能是致命的。对此，公司需要时刻关注国内外与企业相关的政治、法律环境，形成属于自己的知识产权，并且关注竞争对手的知识产权情况。定期检查企业员工的个人素养与职业道德操守情况，增加专业性和凝聚力，避免员工内部违法违纪现象的发生。

三、财务风险

公司目前生产的还是传统的产品，新产品研发的资金投入至关重要，如果投入过多，一旦市场认可度不理想导致产品滞销，将会带来一系列资金、存货周转等财务问题。对此，公司需要制定合理的成本控制和资金授权审批流程等财务制度，关注资产负债、存货周转、应收账款周转等财务情况，合理投资，谨慎研发。

2018年度，公司的应收账款周转率情况不是很好，因此公司可以落实催收款项责任制，将应收账款的回收与个人绩效考核及奖惩情况挂钩。

对于生产、研发用的机器设备等固定资产，公司需要建立相应的管理制度，规范采购、验收、定期检查、报废等业务流程，定期进行清查盘点，有效避免公司的固定资产管理风险，实现固定资产保值增值的管理目标。

公司可以通过企业资源计划（ERP）系统对存货的日常出入库及检验流程进行控制把关；安排存货管理专员定期进行全面盘点清查工作，及时发现毁损情况。

公司需要进行财务信息一体化建设，提升公司资金流入流出数据查询、汇总及报表生成的便捷性，提升财务信息质量。

四、运营风险

三鹿集团为了不丧失对奶源的控制，接受质量低下的原奶，埋下安全卫生隐患。同时，该企业在各个环节检测马虎，质量控制管理水平低下。总的来说，三鹿集团缺乏严格的风险管理流程，企业管理者风险意识薄弱。

公司应吸取三鹿集团的经验和教训，着重对质量、安全、环保等日常管理中易发生失误的业务流程或环节进行把关，这是公司正常运营发展的根本。

公司需要对现有业务流程和信息系统操作运行情况进行监管、运行评价及持续改进。建立办公自动化、无纸化系统，提高日常办事和审批效率。

公司应配合新产品的开发,适当引入新兴专业人才,合理分配业务流程中的人员,提升员工办事效率。根据知识结构、专业经验情况合理分配中高层管理人员和重要业务流程中的专业人员。

五、战略风险

公司想要扩大市场份额,太过急于求成,容易在发展规划和经营目标战略制定上有所疏漏,缺乏适合公司现状的规划依据,导致公司日后的战略经营危机。对此,公司应当合理制定企业发展战略和规划、投融资计划、年度经营目标、经营战略等,同时拿出编制这些战略、规划、计划、目标的有关依据,使得战略措施更加严谨。另外,公司应致力于形成战略共同体,与信用较好的大客户和主要供应商建立长期的战略合作伙伴关系,共同发展进步。

以上风险控制分析报告为企业风险管理报告的重要组成部分,最终的风险管理报告还应包括上年风险管理的全面回顾、风险管理工作未来更详细的计划、风险责任部门和风险评估标准说明等部分。

2019 年 3 月 1 日

第三部分

风险控制分析报告能力训练

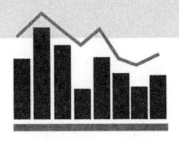

训练案例 1

YQ汽车股份有限公司风险控制分析报告

（上市股份有限公司）

案例资料

一、企业基本情况

1. 名称：YQ汽车股份有限公司（简称"YQ公司"）。

2. 性质：上市公司。

3. 公司为制造业企业，主要生产中小型汽车及微型汽车等，是一家集整车制造，发动机、变速器生产以及科研开发于一体的股份制公司。

4. 制造业企业风险控制侧重点：现金流、利润率、市场占有率、质量状态、成本控制等财务风险；人才流动等运营风险；竞争对手情况、投融资规划等战略风险；利率、汇率、股票价格指数等市场风险；法律风险。

二、企业初始信息

YQ公司创建于1966年，公司目前拥有居于国内先进水平的冲压、车身、涂装、装配生产线，整车质量检测线，汽车发动机铸造及机加工生产线，变速箱生产线，计算机工作站等，已具备产品开发和年产25万辆轿车、20万台变速器、22万台发动机的生产能力，主要拥有一个自有品牌和多个合作、合资品牌，FT系列汽车发动机、TG变速器是企业的拳头产品。

YQ公司于1993年7月26日在深圳证券交易所上网定价发行，同年

11月25日在深圳证券交易所挂牌上市，从而成功进入中国资本市场，成为汽车板块中的一支重要力量。

我国汽车制造业自20世纪50年代开始，到现在形成了门类较为齐全的汽车制造业体系。近几年，我国汽车工业得到了快速发展，其社会环境、市场环境以及政策环境发生了深刻变化，外国汽车工业的竞争给国内汽车工业的发展带来了巨大的挑战。我国汽车工业面临着核心技术缺乏、自主创新能力欠缺、节能减排技术低下等问题，在国内市场上的竞争力较弱。

2018年7月1日，我国降低汽车整车及零部件进口关税，将汽车整车税率为25%的135个税号和税率为20%的4个税号的税率降至15%，将汽车零部件税率分别为8%、10%、15%、20%、25%的79个税号的税率降至6%。

关税下降对整车进口必定是利好。根据关税公式的测算，整车的价格会下降8%左右。对于30万元以上60万元以下的汽车，整车价格会下降2万元到4万元。这种价格下降会冲击国内的合资品牌，比如奥迪Q5、凯迪拉克、奔驰GLC；当然，也会影响到中国的自主品牌。从价格看，中国的自主品牌汽车超过20万元的还很少，因而关税下降对自主品牌的影响没有对合资品牌的影响大。另外，关税下降对国内汽车零部件企业的冲击可能会更大一些，因为关税降低后，进口国外生产的零部件成本会更低一些。汽车关税下调后，合资企业特别是韩国、日本的车企，会降价抢占中低价位市场，这会对我国自主品牌汽车产生冲击。

我国汽车制造业在近几年实现了快速发展，国内汽车需求量也以每年10%~15%的幅度增长。2008年的金融危机对汽车制造业冲击很大，再加上2008年生产成本的持续上涨，如金属材料成本上升20%、最低工资上调12%以及人民币升值7%等大环境的影响，YQ公司为了保持竞争力，价格没有相应提高，盈利能力下降，股价波动。

2008年之前与YQ公司并驾齐驱的R公司没有躲过金融危机的冲击。造成R公司倒闭的主要因素如下：① 盲目多元化。R公司以约5亿元的价格收购了某矿业公司51%的股权。2008年2月，R公司付给该矿业公司近3亿元的现金，直接导致企业资金链出现问题。然而令R公司始料未及的是，这家矿业公司一直都没有拿到开采许可证，无法给R公司带来收益，跨行业的资本运作反而令其陷入资金崩溃的泥沼。② 对自然灾害的风险评估、应对不足。2008年6月，R公司的一个厂房遭受水灾，存货因而遭受损失。水灾导致物料报废及业务中断，R公司耗费近一个月时间才恢复正常生产，企业的营运效率受到影响。因水灾造成的存货损失达约9 000万元人民币。③ 内部管理失控导致成本上升。岗位分工不合理，员工办事拖沓，效率低下。④ 对自身的负债能力预计过高，导致债务风险巨大。截至2008年6月底，R公司总资产为8.35亿元，总负债为5.32亿元，其中流动负债为5.3亿元，净负债比率为71.8%。

通过调研和阅读专家分析报告，YQ公司收集到以下信息：以零部件生产为主的汽车制造企业比以整车制造为主的企业盈利水平更高，整车制造企业的国际竞争压力更大；有外资持股的汽车制造企业盈利能力高于无外资持股的汽车制造企业，这是由营销策略和信用政策导致的。

汽车制造业整体股市前景一般，YQ公司的筹融资渠道主要还是银行借款。2018年，YQ公司的资产负债率为52%，营业净利率为10%，基本每股收益为0.85元。

YQ公司属于我国汽车制造业的巨头之一，有着稳定的市场影响力和占有率，然而汽车进口关税的下调对我国自有品牌有着不小的冲击。在保证公司正常运营的同时，YQ公司拟投资新能源产业H公司，为企业多元化生产新能源汽车做好战略准备。

1. 依据风险控制分析报告指引，阅读收集到的企业初始信息。为了便于分析，可以分段判断各段落包含哪些风险，在相应的风险类型前的方框中打钩。

2. 根据风险类型，判断可以分析出哪些风险后果，依据提示选择对应的风险分析后果。

3. 根据分析出的风险后果和影响，提出对应的风险控制对策，做好监督和改进，并且归纳汇总，形成完整的风险控制分析报告。

一、分段阅读，分析判断

1. YQ公司创建于1966年，公司目前拥有居于国内先进水平的冲压、车身、涂装、装配生产线，整车质量检测线，汽车发动机铸造及机加工生产线，变速箱生产线，计算机工作站等，已具备产品开发和年产25万辆轿车、20万台变速器、22万台发动机的生产能力，主要拥有一个自有品牌和多个合作、合资品牌，FT系列汽车发动机、TG变速器是企业的拳头产品。

YQ公司于1993年7月26日在深圳证券交易所上网定价发行，同年11月25日在深圳证券交易所挂牌上市，从而成功进入中国资本市场，成为汽车板块中的一支重要力量。

我国汽车制造业自20世纪50年代开始，到现在形成了门类较为齐全的汽车制造业体系。近几年，我国汽车工业得到了快速发展，其社会环境、市场环境以及政策环境发生了深刻变化，外国汽车工业的竞争给国内汽车工业的发展带来了巨大的挑战。我国汽车工业面临着核心技术缺乏、自主创新能力欠缺、节能减排技术低下等问题，在国内市场上的竞争力较弱。

（1）该段落包含的风险有：□市场风险；□法律风险；□财务风险；□运营风险；□战略风险。

（2）根据提示，选出该段落对应的风险分析后果，为形成完整的风险控制分析报告做准备。

企业拥有良好且成熟的制造产业链和生产线，有属于自己的拳头产品。虽然企业拥有较强的行业影响力，但是国外汽车工业的竞争给国内汽车工业的发展带来了巨大的挑战。我国汽车工业面临着核心技术缺乏、自主创新能力欠缺、节能减排技术低下等问题，在国内市场上的竞争力较弱。企业存在的风险后果有（　　）。

A. 好好保持现有的生产技术及制造产品的侧重点，企业将不存在生产战略上的风险。

B. 企业虽然形成了自己的生产优势，但是专属的产品和技术并没有申请专利等知识产权保护，存在法律风险。

C. 产业状况及国家政策时刻在变动，科技创新速度很快，企业拥有的产品是否符合需求至关重要，尤其是新能源汽车的出现，给整个汽车制造业带来了机遇和挑战，企业要时刻预防被社会潮流所淘汰。

D. 企业面临着被更节能、性价比更高的汽车替代的风险，能源、原材料及配件等价格波动较为频繁，一旦原材料缺乏，企业将受到致命的打击。

E. 在激烈的市场竞争中，客户的选择很多，大客户流失对企业的发展也将是致命的。

2. 2018年7月1日，我国降低汽车整车及零部件进口关税，将汽车整车税率为25%的135个税号和税率为20%的4个税号的税率降至15%，将汽车零部件税率分别为8%、10%、15%、20%、25%的79个税号的税率降至6%。

关税下降对整车进口必定是利好。根据关税公式的测算，整车的价格会下降8%左右。对于30万元以上60万元以下的汽车，整车价格会下降2万元到4万元。这种价格下降会冲击国内的合资品牌，比如奥迪Q5、凯迪拉克、奔驰GLC；当然，也会影响到中国的自主品牌。从价格看，中国的自主品牌汽车超过20万元的还很少，因而关税下降对自主品牌的影响没有对合资品牌的影响大。另外，关税下降对国内汽车零部件企业的冲击可能会更大一些，因为关税降低后，进口国外生产的零部件成本会更低一些。汽车关税下调后，合资企业特别是韩国、日本的车企，会降价抢占中低价位市场，这会对我国自主品牌汽车产生冲击。

（1）该段落包含的风险有：□市场风险；□法律风险；□财务风险；□运营风险；□战略风险。

（2）根据提示，选出该段落对应的风险分析后果，为形成完整的风险控制分析报告做准备。

国家最新的税率政策对国内的自有品牌产生了不小的冲击，尤其是对一些合资品牌项目。企业存在的风险后果有（　　）。

A. 企业各种价位的车型都有生产，国外品牌高端车价格的下降吸引了国内很多消费者，企业的市场份额受到冲击。

B. 企业拥有自主品牌，也有适当的合资品牌，税率变动对企业影响不大，不会带来太大风险。

C. 企业拥有一部分德国合资伙伴，为了抢占市场，在生产成本增加的情况下，只能降低价格抢占市场，一旦定价不合理，合资品牌的运营销售将受到巨大冲击。

3. 我国汽车制造业在近几年实现了快速发展，国内汽车需求量也以每年 10%～15% 的幅度增长。2008 年的金融危机对汽车制造业冲击很大，再加上 2008 年生产成本的持续上涨，如金属材料成本上升 20%、最低工资上调 12% 以及人民币升值 7% 等大环境的影响，YQ 公司为了保持竞争力，价格没有相应提高，盈利能力下降，股价波动。

2008 年之前与 YQ 公司并驾齐驱的 R 公司没有躲过金融危机的冲击。造成 R 公司倒闭的主要因素如下：① 盲目多元化。R 公司以约 5 亿元的价格收购了某矿业公司 51% 的股权。2008 年 2 月，R 公司付给该矿业公司近 3 亿元的现金，直接导致企业资金链出现问题。然而令 R 公司始料未及的是，这家矿业公司一直都没有拿到开采许可证，无法给 R 公司带来收益，跨行业的资本运作反而令其陷入资金崩溃的泥沼。② 对自然灾害的风险评估、应对不足。2008 年 6 月，R 公司的一个厂房遭受水灾，存货因而遭受损失。水灾导致物料报废及业务中断，R 公司耗费近一个月时间才恢复正常生产，企业的营运效率受到影响。因水灾造成的存货损失达约 9 000 万元人民币。③ 内部管理失控导致成本上升。岗位分工不合理，员工办事拖沓，效率低下。④ 对自身的负债能力预计过高，导致债务风险巨大。截至 2008 年 6 月底，R 公司总资产为 8.35 亿元，总负债为 5.32 亿元，其中流动负债为 5.3 亿元，净负债比率为 71.8%。

（1）该段落包含的风险有：□市场风险；□法律风险；□财务风险；□运营风险；□战略风险。

（2）根据提示，选出该段落对应的风险分析后果，为形成完整的风险控制分析报告做准备。

汽车制造行业股市前景一般，企业融资途径和融资情况关系到企业负债情况。此外，R 公司经营失败的教训也对同行业相关企业起到了很大的警示作用。企业存在的风险后果有（　　）。

A. 银行借款相较于其他融资方式更有信用保障，因此企业应当进行大量的银行借款，而过度依赖其他融资方式会给企业带来融资失败风险。

B. 银行借款过多，面临资不抵债的风险。

C. 整个汽车制造行业的盈利能力水平较低，成本和相关费用的核算、资金的结算和管理关系到企业的正常运营及发展。

D. 结合R公司的教训，投资风险太大，为了保证足够的资金，企业应当拒绝不必要的投资行为。

E. R公司盲目多元化投资，不制定合理的投资规划，不考察被投资者信用情况，导致投资失败，资金链断裂。

F. 结合R公司案例，如果对自然灾害的风险评估、应对不足，会导致存货遭受损失，从而影响企业的营运效率。

G. 员工办事效率低下、企业组织效能低下、企业内部职业道德缺失将会导致业务失控。

H. 如果对自身的负债能力预计过高，将资不抵债。

4. 通过调研和阅读专家分析报告，YQ公司收集到以下信息：以零部件生产为主的汽车制造企业比以整车制造为主的企业盈利水平更高，整车制造企业的国际竞争压力更大；有外资持股的汽车制造企业盈利能力高于无外资持股的汽车制造企业，这是由营销策略和信用政策导致的。

汽车制造业整体股市前景一般，YQ公司的筹融资渠道主要还是银行借款。2018年，YQ公司的资产负债率为52%，营业净利率为10%，基本每股收益为0.85元。

YQ公司属于我国汽车制造业的巨头之一，有着稳定的市场影响力和占有率，然而汽车进口关税的下调对我国自有品牌有着不小的冲击。在保证公司正常运营的同时，YQ公司拟投资新能源产业H公司，为企业多元化生产新能源汽车做好战略准备。

（1）该段落包含的风险有：□市场风险；□法律风险；□财务风险；□运营风险；□战略风险。

（2）根据提示，选出该段落对应的风险分析后果，为形成完整的风险控制分析报告做准备。

① 我国汽车制造业竞争很激烈，YQ公司拟投资新能源产业H公司，为企业多元化生产新能源汽车做好战略准备。企业存在的风险后果有（　　）。

A. 外资企业的营销策略和信用政策威胁着YQ公司的市场占有率。

B. YQ公司的业务范围覆盖了整个汽车制造流程，因此产品结构不存在风险。

C. YQ公司虽然有着全面的生产体系，但是相关产品和服务的投资侧重点、生产数量及定价都要慎重决定，否则会出现产能过剩、资金浪费的风险。

D. 一旦投资分析规划不到位，盲目投资和多元化，会造成资金浪费，影响企业现金流。

E. 新能源汽车是未来的发展趋势，投资该行业必然会使企业获得较大的利润和发展，因此企业需要进行大量投资。

② 通过分析YQ公司的财务数据指标值，可以得出对应的风险影响有：企业盈利能力□较高 □较低，成本费用□较高 □较低，存在亏损风险；资产负债率□较高 □较低，存在资不抵债风险。

二、分类归纳，提出对策

通过上面的分段落阅读和判断，将属于同一个类型的风险归纳到一起，便于总结分析，得出全面的风险控制对策，为形成完整的风险控制分析报告做准备。

1. 以下存在不符合YQ公司风险的干扰选项，在判断出的符合公司情况的风险选项中，属于市场风险的有_____；属于法律风险的有_____；属于财务风险的有_____；属于运营风险的有_____；属于战略风险的有_____。

A. 好好保持现有的生产技术及制造产品的侧重点，企业将不存在生产战略上的风险。

B. 企业虽然形成了自己的生产优势，但是专属的产品和技术并没有申请专利等知识产权保护，存在法律风险。

C. 产业状况及国家政策时刻在变动，科技创新速度很快，企业拥有的产品是否符合需求至关重要，尤其是新能源汽车的出现，给整个汽车制造业带来了机遇和挑战，企业要时刻预防被社会潮流所淘汰。

D. 企业面临着被更节能、性价比更高的汽车替代的风险，能源、原材料及配件等价格波动较为频繁，一旦原材料缺乏，企业将受到致命的打击。

E. 在激烈的市场竞争中，客户的选择很多，大客户流失对企业的发展也将是致命的。

F. 企业各种价位的车型都有生产，国外品牌高端车价格的下降吸引了国内很多消费者，企业的市场份额受到冲击。

G. 企业拥有自主品牌，也有适当的合资品牌，税率变动对企业影响不大，不会带来太大风险。

H. 企业拥有一部分德国合资伙伴，为了抢占市场，在生产成本增加的情况下，只能降低价格抢占市场，一旦定价不合理，合资品牌的运营销售将受到巨大冲击。

I. 银行借款过多，面临资不抵债的风险。

J. 整个汽车制造行业的盈利能力水平较低，成本和相关费用的核算、资金的结算和管理关系到企业的正常运营及发展。

K. 外资企业的营销策略和信用政策威胁着 YQ 公司的市场占有率。

L. YQ 公司的业务范围覆盖了整个汽车制造流程，因此产品结构不存在风险。

M. YQ 公司虽然有着全面的生产体系，但是相关产品和服务的投资侧重点、生产数量及定价都要慎重决定，否则会出现产能过剩、资金浪费的风险。

2. 以下选项中，属于市场风险控制对策的有_____；属于法律风险控制对策的有_____；属于财务风险控制对策的有_____；属于运营风险控制对策的有_____；属于战略风险控制对策的有_____。

A. 建立人才保障体系，保障公司具有新兴的专业理念，与时俱进。汽车制造业是更新换代较快的行业之一，具有创新思维的人才显得格外重要。

B. 在追求高效率的同时，要将质量、安全、环保等管理放在首位，品质是企业的根本。

C. 加强投资计划管理，严格执行投资项目审批程序。注重控制新能源的投资规模，结合市场需求和公司自身业务情况，对投资计划进行详细的分析和调整。投资计划要经过专项会议的科学决策审批，既要确保投资重点，又要控制投资节奏和投资风险，较好地贯彻"有保有压"的指导方针。

D. 时刻关注国内外与企业相关的政治、法律环境。形成属于自己的知识产权，并且关注竞争对手的知识产权情况。

E. 做好产品结构分析调整，时刻关注市场情况；做好市场营销策略，包括产品或服务的定价与销售渠道、市场营销环境状况等。

F. 对于生产、研发用的机器设备等固定资产，建立相应的管理制度，规范采购、验收、定期检查、报废等业务流程，定期进行清查盘点，有效避免企业的固定资产管理风险，实现固定资产保值增值的管理目标。

  G. 制定合理的成本控制和资金授权审批流程等财务制度，关注资产负债、存货周转、应收账款周转等财务情况，合理投资，谨慎研发。

  H. 定期关注客户的信用情况，及时结算，控制订单挂账问题。

  I. 制定合理的资金管控、融资授信等管理办法，对公司融资、投资、外汇与金融衍生品管理等进行明确规定，形成完整的投资、融资管理制度体系。这样可以满足公司不断发展的需求，提高公司的竞争力及综合实力。

  J. 在业务组合中，侧重发展国际合资业务，在保证国内市场占有率的同时，稳住国外市场，这样可以提升公司的国际竞争力。

  K. 与合资伙伴形成牢固的战略合作关系，互惠互利。

  L. 密切关注金属材料、机器设备等原材料价格变动情况，适当存货。加强对供应商的选择、控制，合理选择战略合作供应商，降低生产要素波动带来的影响。

  M. 定期开展经营活动分析，了解和掌握竞争者的营销发展情况，提升自身营销策略。塑造企业文化，树立良好的企业形象。

三、汇总完善，形成报告

将上述第二项练习中选出的风险与风险对策进行匹配，用适当的语句汇总成文，也可以补充更多合理的风险对策，形成完整的风险控制分析报告。

YQ汽车股份有限公司2018年度风险控制分析报告

分析报告人：_____

2018年度，公司运行管理情况总体稳中有进。公司拥有成熟的生产技术和产业链条，在国内市场有着举足轻重的地位。国家政策及税率的变动对国内汽车制造业是个考验，如何提升市场竞争力、稳住市场份额是公司应该时刻关注的问题。公司应在吸取前人教训和借鉴领军者经验的前提下，致力于在客户、供应商、产品结构、投融资战略上有所进步和突破。此外，新技术的研发和企业规章制度的完善也是公司应该时刻关注的问题。

通过对国内外同行业情况及相关条例政策的初始资料进行归集和分析可知，公司的风险主要涉及市场风险、法律风险、财务风险、运营风险和战略风险这五个层面。风险情况分析及对应的风险决策措施如下：

一、市场风险（选出下列选项中正确的结论，形成你的市场风险分析报告）

☐ 1. 虽然企业拥有较强的行业影响力，但是外国汽车工业的竞争给国内汽车工业的发展带来了巨大挑战，企业面临着被更节能、性价比更高的汽车替代的风险。对此，公司需要做好产品结构分析调整，时刻关注市场情况。

☐ 2. 虽然企业拥有较强的行业影响力，但是外国汽车工业的竞争给国内汽车工业的发展带来了巨大挑战。对此，相较于产业结构调整和模仿、学习其他企业，企业更应当多生产自己的拳头产品和传统产品，保持自己的优势。

☐ 3. 能源、原材料及配件等价格波动较为频繁，一旦原材料缺乏，企业将受到致命的打击。在激烈的市场竞争中，客户的选择很多，大客户流失对企业的发展也将是致命的。对此，公司应密切关注金属材料、机器设备等原材料价格变动情况，适当存货。同时，应加强对供应商的选择、控制，合理选择战略合作供应商，降低生产要素波动带来的影响。此外，应定期关注客户的信用情况，维护好大客户是公司发展的根本。

☐ 4. 能源、原材料及配件等价格波动较为频繁，一旦原材料缺乏，企业将受到致命的打击。对此,企业应当大规模囤货,保证足够的存货,为生产做充分的准备,这样才能满足市场和客户的需求,留住企业的大客户。

☐ 5. 国外品牌高端车价格的下降吸引着国内很多消费者,企业的市场份额受到冲击,再加上外资企业的营销策略和信用政策,国内自主品牌压力增大。对此,公司要结合运营和战略对策,了解和掌握竞争者的营销发展情况,制定适合自身发展的市场营销策略。同时,在业务组合中,侧重发展国际合资业务,在保证国内市场占有率的同时,稳住国外市场,这样可以提升公司的国际竞争力。

二、法律风险(选出下列选项中正确的结论,形成你的法律风险分析报告)

☐ 1. 企业拥有独立自主的产业链和知识产权,没有申请专利保护的产权存在被剽窃的风险。对此,公司应当形成属于自己的知识产权,并且关注竞争对手的知识产权情况。

☐ 2. 企业拥有独立自主的产业链和知识产权,没有申请专利保护的产权存在被剽窃的风险。对此,公司应当形成属于自己的知识产权,而对于网络上没有形成知识产权的专利、图片和技术等,可以抓紧借鉴使用,以使得企业的资源和技术更加多样化。

☐ 3. 国家最新的法律政策调整对于国内汽车制造业也是一大冲击。对此,公司需要时刻关注国内外与企业相关的政治、法律环境,制定运营和战略对策,应对税率调整带来的影响。

☐ 4. 定期检查企业员工的个人素养与职业道德操守情况,增加专业性和凝聚力,避免员工内部违法违纪现象的发生。

三、财务风险（选出下列选项中正确的结论，形成你的财务风险分析报告）

☐ 1. 企业的财务风险主要是由负债情况决定的，如果银行借款过多，企业将面临资不抵债的风险。整个汽车制造行业的盈利能力水平较低，成本和相关费用的核算、资金的结算和管理关系到企业的正常运营及发展。对此，公司需要制定合理的成本控制和资金授权审批流程等财务制度，关注资产负债、存货周转、应收账款周转等财务情况，合理投资，谨慎研发。此外，还应定期关注客户的信用情况，及时结算，控制订单挂账问题。

☐ 2. 对于存货、固定资产等的盘点清查非常重要，一旦疏忽，将造成较大的损失。对于生产、研发用的机器设备等固定资产，公司应建立相应的管理制度，规范采购、验收、定期检查、报废等业务流程，定期进行清查盘点，有效避免企业的固定资产管理风险，实现固定资产保值增值的管理目标。公司可以通过企业资源计划（ERP）系统对存货的日常出入库及检验流程进行控制把关；安排存货管理专员定期进行全面盘点清查工作，及时发现毁损情况。

四、运营风险（选出下列选项中正确的结论，形成你的运营风险分析报告）

☐ 1. 企业拥有一部分德国合资伙伴，为了抢占市场，在生产成本增加的情况下，只能降低价格抢占市场，一旦定价不合理，合资品牌的运营销售将受到巨大冲击。对此，公司应当结合财务和战略对策，做好产品结构分析调整，时刻关注市场情况；做好市场营销工作，包括产品或服务的定价与销售渠道以及市场营销环境状况分析等。

☐ 2. 企业虽然有着全面的生产体系，但是相关产品和服务的投资侧重点、生产数量及定价都要慎重决定，否则会出现产能过剩、资金浪费的风险。对此，在业务组合中，公司应侧重发展国际合资业务，在保证国内市场占有率的同时，稳住国外市场，这样可以提升公司的国际竞争力。

☐ 3. 企业虽然有着全面的生产体系，但是相关产品和服务的投资侧重点、生产数量及定价都要慎重决定，否则会出现产能过剩、资金浪费的风险。对此，企业应着重发展国内自身业务，大量生产自己的拳头产品，牢牢把握住国内市场。只有国内市场彻底稳住了，拓展国际市场才更有底气。

☐ 4. 公司在追求高效率的同时，要将质量、安全、环保等管理放在首位，品质是企业的根本。

☐ 5. 公司应建立人才保障体系，保障公司具有新兴的专业理念，与时俱进。汽车制造业是更新换代较快的行业之一，具有创新思维的人才显得格外重要。

☐ 6. 公司应定期开展经营活动分析，了解和掌握竞争者的营销发展情况，提升自身营销策略。另外，还应塑造企业文化，树立良好的企业形象。

五、战略风险（选出下列选项中正确的结论，形成你的战略风险分析报告）

☐ 1. 产业状况及国家政策时刻在变动，科技创新速度很快，企业拥有的产品是否符合需求至关重要，尤其是新能源汽车的出现，给整个汽车制造业带来了机遇和挑战，企业要时刻预防被社会潮流所淘汰。对此，公司的首要任务是与合资伙伴形成牢固的战略合作关系，互惠互利。

☐ 2. 产业状况及国家政策时刻在变动，科技创新速度很快，企业拥有的产品是否符合需求至关重要。新能源汽车理论上符合社会潮流，但是技术终究不是很成熟，无法占领市场。对此，公司的首要任务还是牢牢把握自身传统的制造路径，满足市场的大部分需求。

□ 3. 公司拟投资的新能源项目存在着投资风险。对此，公司应加强投资计划管理，严格执行投资项目审批程序。公司应注重控制新能源的投资规模，结合市场需求和公司自身业务情况，对投资计划进行详细的分析和调整。投资计划要经过专项会议的科学决策审批，既要确保投资重点，又要控制投资节奏和投资风险，较好地贯彻"有保有压"的指导方针。

　　□ 4. 制定合理的资金管控、融资授信等管理办法，对公司融资、投资、外汇与金融衍生品管理等做出明确规定，形成完整的投资、融资管理制度体系。这样可以满足公司不断发展的需求，提高公司的竞争力及综合实力。

　　以上风险控制分析报告为企业风险管理报告的重要组成部分，最终的风险管理报告还应包括上年风险管理的全面回顾、风险管理工作未来更详细的计划、风险责任部门和风险评估标准说明等部分。

年　　月　　日

训练案例 2

SZ 电子商务有限公司风险控制分析报告

（大型线上电商企业）

 案例资料

一、企业基本情况

1. 名称：SZ 电子商务有限公司（简称"SZ 公司"）。

2. 性质：以线上为主的零售电商企业（增值税一般纳税人）。

3. SZ 公司是一家以坚果、干果、茶叶等森林食品的研发、分装及网络自有 B2C（企业对客户）品牌销售为主营业务的现代化新型企业。

4. 电商服务企业风险控制侧重点：产品研发、品牌包装、服务质量等运营风险；利润率、市场占有率、质量状态、成本控制等财务风险；公司拟融资上市等战略风险；竞争对手情况、市场环境等市场风险；法律法规等法律风险。

二、企业初始信息

SZ 电子商务有限公司成立于 2010 年，是一家以坚果、干果、茶叶等森林食品的研发、分装及网络自有 B2C 品牌销售为主营业务的现代化新型企业。SZ 公司品牌一经推出，立刻受到了风险投资机构的青睐，先后获得 IDG（美国国际数据集团）的 100 万美元 A 轮天使投资和今日资本的 350 万美元 B 轮投资。

2015 年，SZ 公司获得 3 亿元人民币投资。2017 年 10 月 20 日，公司首次披露 IPO（首次公开募投）招股说明书，拟登录深交所创业板。

2017年11月15日国家食品药品监督管理总局关于3批次食品不合格情况的通告指出,天猫超市在天猫(网站)商城销售的标称SZ公司生产的开心果,霉菌检出值为70CFU/g,比国家标准规定(不超过25CFU/g)高出1.8倍。检验机构为上海市食品药品检验所。此次负面新闻对公司来说产生了不小的冲击,延缓了公司上市计划,公司及时对这一事件进行了处理。

2016年、2017年、2018年,SZ公司的营业收入分别为40亿元、50亿元、70亿元,净利润分别为2.36亿元、3.02亿元、3.04亿元。2018年SZ公司营业额高达70亿元,净利润为3.04亿元,净利率为4%。按照SZ公司各项费用支出计算,如果平均客单价为100元/单,平均每单需要支付7元快递费,平台每单抽成3.55元,包装费用大概为3元,推广费用摊平到每一单上的费用为2元,再加上相关的运营费用、职工薪酬,仅仅在平台上,达成一单买卖就需要支付约20元的费用,再加上原材料成本,最终每单能赚到的净利润甚至不到10元。

SZ公司主要以互联网技术为依托,利用B2C平台实行线上销售。凭借这种销售模式,SZ公司迅速开创了一个快速、新鲜的新型食品零售模式。这种特有的商业模式缩短了商家与客户的距离,确保让客户享受到新鲜、优质的食品,开创了中国食品利用互联网进行线上销售的先河。SZ公司以其独特的销售模式,在2012年"双十一"当天销售额在淘宝天猫坚果行业跃居第一名,日销售额近800万元,其发展速度之快创造了中国电子商务历史上的一个奇迹。

SZ公司自与当当网合作以来,借助当当网的网站流量,充分发挥了自己的品牌优势,销售额稳步增长,成为当当网休闲零食行业的佼佼者。

然而,随着电子商务的快速发展,线上平台出现了很多强有力的竞争者,其中不乏有根基和群众基础的线下零售商拓展线上业务,这对SZ公司来说是巨大的挑战。

虽然线下实体店变得不太景气，但是为了加强公司的产品效应，吸引不擅长网上购物的中老年人，SZ公司拟投资一部分线下实体体验店。

很多食品行业巨头为了拓展公司业务，进行跨界元素产品的开发，如旺旺食品联名款服饰、大白兔奶糖联名款唇膏、百事可乐联名款鞋子等，大大提升了企业品牌效应和竞争力。对此，SZ公司营销设计部门开始计划属于自己的跨界产品投入。

2018年8月31日，我国正式出台《中华人民共和国电子商务法》（简称《电商法》），2019年1月1日正式实施。《电商法》全面规范了电商交易流程，明确了电商平台有义务对平台上经营的商品进行审查。也就是说，电商平台要为消费者购买的商品负责，有把好产品质量安全关的义务，如此，线上企业的运营成本又将提高。

训练要求

1. 依据风险控制分析报告指引，阅读收集到的企业初始信息。为了便于分析，可以分段判断各段落包含哪些风险，在相应的风险类型前的方框中打钩。

2. 根据风险类型，判断可以分析出哪些风险后果，依据提示补充完整对应的风险分析后果。

3. 根据分析出的风险后果和影响，提出对应的风险控制对策，做好监督和改进，并且归纳汇总，形成完整的风险控制分析报告。

操作实践

一、分段阅读，分析判断

1. SZ电子商务有限公司成立于2010年，是一家以坚果、干果、茶叶等森林食品的研发、分装及网络自有 B2C 品牌销售为主营业务的现代化新型企业。SZ 公司品牌一经推出，立刻受到了风险投资机构的青睐，先后获得 IDG（美国国际数据集团）的 100 万美元 A 轮天使投资和今日资本的 350 万美元 B 轮投资。

2015 年，SZ 公司获得 3 亿元人民币投资。2017 年 10 月 20 日，公司首次披露 IPO（首次公开募投）招股说明书，拟登录深交所创业板。

2017 年 11 月 15 日国家食品药品监督管理总局关于 3 批次食品不合格情况的通告指出，天猫超市在天猫（网站）商城销售的标称 SZ 公司生产的开心果，霉菌检出值为 70CFU/g，比国家标准规定（不超过 25CFU/g）高出 1.8 倍。检验机构为上海市食品药品检验所。此次负面新闻对公司来说产生了不小的冲击，延缓了公司上市计划，公司及时对这一事件进行了处理。

（1）该段落包含的风险有：□市场风险；□法律风险；□财务风险；□运营风险；□战略风险。

（2）根据提示，选出该段落对应的风险分析后果，为形成完整的风险控制分析报告做准备。

企业拥有先进的营销品牌理念，拥有准确的产品市场定位。企业品牌一经推出，立刻受到了风险投资机构的青睐，拟登录深交所创业板，而企业的霉菌超标事件对企业融资产生了很大的影响。企业存在的风险后果有（　　）。

A. 好好保持现有的生产技术及产品宣传策略，企业将不存在生产运营上的风险。

B. 企业虽然形成了自己的生产优势，但这是企业进入市场较早所致。企业所谓的"森林理念"并不是自身专利，随着电商行业的不断成熟，越来越多的替代品会出现，再加上消费者的需求越来越精细化，企业面临着不小的市场风险。

C. 零售电商股票市场不是特别景气，企业盲目融资存在战略风险。

D. 企业霉菌超标事件反映企业存在质量安全管理风险及内外部人员职业道德风险。

2. 2016年、2017年、2018年，SZ公司的营业收入分别为40亿元、50亿元、70亿元，净利润分别为2.36亿元、3.02亿元、3.04亿元。2018年SZ公司营业额高达70亿元，净利润为3.04亿元，净利率为4%。按照SZ公司各项费用支出计算，如果平均客单价为100元/单，平均每单需要支付7元快递费，平台每单抽成3.55元，包装费用大概为3元，推广费用摊平到每一单上的费用为2元，再加上相关的运营费用、职工薪酬，仅仅在平台上，达成一单买卖就需要支付约20元的费用，再加上原材料成本，最终每单能赚到的净利润甚至不到10元。

SZ公司主要以互联网技术为依托，利用B2C平台实行线上销售。凭借这种销售模式，SZ公司迅速开创了一个快速、新鲜的新型食品零售模式。这种特有的商业模式缩短了商家与客户的距离，确保让客户享受到新鲜、优质的食品，开创了中国食品利用互联网进行线上销售的先河。SZ公司以其独特的销售模式，在2012年"双十一"当天销售额在淘宝天猫坚果行业跃居第一名，日销售额近800万元，其发展速度之快创造了中国电子商务历史上的一个奇迹。

SZ公司自与当当网合作以来，借助当当网的网站流量，充分发挥了自己的品牌优势，销售额稳步增长，成为当当网休闲零食行业的佼佼者。

（1）该段落包含的风险有：□市场风险；□法律风险；□财务风险；□运营风险；□战略风险。

（2）根据提示，选出该段落对应的风险分析后果，为形成完整的风险控制分析报告做准备。

① SZ 公司主要以互联网技术为依托，进行线上销售。对于一系列线上操作，企业存在的风险后果有（　　）。

A. 互联网的开放化会带来信息系统遭到破坏的风险，如数据泄露、黑客入侵等。

B. 由于电商销售是无纸贸易，买方存在较大的信用风险，虚假购买、恶意评论等行为都是无法控制的。

C. 电商企业的线上运行离不开成功的软件项目，企业只要为软件项目申请专利保护，就可以维护企业稳定发展。

D. 电商行业发展速度太快，相关的信息系统、软件项目等必须跟上时代的步伐，否则终将被淘汰。

② 企业营业额逐年□递减 □递增，但是每单净利润□较低 □较高。盲目上市对企业发展不利。相关费用的控制、成本资金的核算带来一定的财务风险。

3. 然而，随着电子商务的快速发展，线上平台出现了很多强有力的竞争者，其中不乏有根基和群众基础的线下零售商拓展线上业务，这对 SZ 公司来说是巨大的挑战。

虽然线下实体店变得不太景气，但是为了加强公司的产品效应，吸引不擅长网上购物的中老年人，SZ 公司拟投资一部分线下实体体验店。

很多食品行业巨头为了拓展公司业务，进行跨界元素产品的开发，如旺旺食品联名款服饰、大白兔奶糖联名款唇膏、百事可乐联名款鞋子等，大大提升了企业品牌效应和竞争力。对此，SZ 公司营销设计部门开始计划属于自己的跨界产品投入。

2018 年 8 月 31 日，我国正式出台《中华人民共和国电子商务法》（简称《电商法》），2019 年 1 月 1 日正式实施。《电商法》全面规范了电商交易流程，明确了电商平台有义务对平台上经营的商品进行审查。也就是说，电商平台要为消费者购买的商品负责，有把好产品质量安全关的义务，如此，线上企业的运营成本又将提高。

（1）该段落包含的风险有：□市场风险；□法律风险；□财务风险；□运营风险；□战略风险。

（2）根据提示，选出该段落对应的风险分析后果，为形成完整的风险控制分析报告做准备。

针对企业的投资策略以及《电商法》的推行，企业存在的风险后果有（　　）。

A. 在企业融资上市的发展前景下，无论是线下实体体验店的投资还是跨界产品的投入，盲目跟风多元化将会带来较大的风险。

B.《电商法》的全面施行对企业来说有利有弊，线上运营成本的提高将会引起盈利水平的下降。

C. 对于没有申请专利和知识产权的网络商标、网络配图等，依然可以适当借鉴使用，参考学习。

D.《电商法》的出台，使得企业相关贸易合同的法律漏洞将会显现出来。

二、分类归纳，提出对策

通过上面的分段落阅读和判断，将属于同一个类型的风险归纳到一起，便于总结分析，得出全面的风险控制对策，为形成完整的风险控制分析报告做准备。

1. 以下存在不符合 SZ 公司风险的干扰选项，在判断出的符合公司情况的风险选项中，属于市场风险的有_____；属于法律风险的有_____；属于财务风险的有_____；属于运营风险的有_____；属于战略风险的有_____。

A. 好好保持现有的生产技术及产品宣传策略，企业将不存在生产运营上的风险。

B. 企业所谓的"森林理念"并不是自身专利，随着电商行业的不断成熟，越来越多的替代品会出现，再加上消费者的需求越来越精细化，企业面临着不小的市场风险。

C. 零售电商股票市场不是特别景气，企业盲目融资存在战略风险。

D. 企业霉菌超标事件反映企业存在质量安全管理风险及内外部人员职业道德风险。

E. 互联网的开放化会带来信息系统遭到破坏的风险，如数据泄露、黑客入侵等。

F. 由于电商销售是无纸贸易，买方存在较大的信用风险，虚假购买、恶意评论等行为都是无法控制的。

G. 电商企业的线上运行离不开成功的软件项目，企业只要为软件项目申请专利保护，就可以维护企业稳定发展。

H. 电商行业发展速度太快，相关的信息系统、软件项目等必须跟上时代的步伐，否则终将被淘汰。

I. 《电商法》的出台，敲响了电商行业的法律警钟，相关贸易的法律漏洞将会显现。

J. 企业财务指标情况不佳，相关费用的控制、成本资金的核算等财务管理制度尚未健全，盲目上市对企业发展不利。

2. 以下选项中，属于市场风险控制对策的有_____；属于法律风险控制对策的有_____；属于财务风险控制对策的有_____；属于运营风险控制对策的有_____；属于战略风险控制对策的有_____。

A. 建立人才保障体系，保障公司具有新兴的专业理念，与时俱进。信息技术和软件项目更新换代非常快，具有创新思维的人才显得格外重要。加强复合型人才的培养，除了计算机知识外，还要求一部分员工有管理、金融、法律等方面的知识储备。

B. 引进电子商务、信息软件、设计研发、仓储配套等一系列围绕电商产业发展的企业，建立一个电商产业链的专业园区。

C. 制订合理的投资计划，在符合公司发展规划的前提下，成立线下体验店，宣传公司的经营理念、优质的原材料和生产加工技术，树立良好的企业形象。

D. 理性跨界，与人气品牌建立战略合作关系，生产联名产品。联名产品的定价与营销策略应符合市场需求。合作投资动漫大电影，使得公司品牌形象更加生动有趣，增强竞争力。

E. 在网络高速发展的社会，可利用微博、微信等网络平台进行企业品牌宣传，明星代言也尤为必要。

F. 时刻关注竞争者的产品情况，不断更新自身产品，多方位推出产品系列，针对不同年龄段，拓宽客户渠道，增强市场竞争力。

G. 加强信息技术的安全防护，确保企业内部信息的安全。

H. 健全员工管理制度，在制定员工激励制度的同时，也要建立人员解聘制度。及时对工作人员进行评价，对于被客户举报的工作人员，要在一定程度上给予惩罚，调动工作人员的工作责任感和积极性。

I. 时刻牢记霉菌事件，避免错误再犯。在追求高效率的同时，要将质量、安全、环保等管理放在首位，严格把控品质是企业的根本任务。

J. 制定合理的资金管控、融资授信等管理办法，联合设立消费产业基金，更好地拓宽投融资渠道，整合产业资源，加快公司外延式发展步伐，提升行业地位及影响力。

K. 制定合理的成本控制和资金授权审批流程等财务制度，重点关注存货周转情况，这也是判断产品受欢迎程度的标准之一。在竞争激烈的当下，客户的比价能力很强，公司在销量足够的前提下，薄利多销也是可取的发展策略。

L. 建立财务预警系统，时刻关注企业的负债、盈利情况。

M. 严格执行《电商法》，提升法律意识，在保护自身权益的同时，也要避免侵犯他人的权利，比如网络商标、网络配图等。

N. 成立专门的客户信用调查分析小组，对信用较差的客户进行排查，降低恶意刷分等风险。

三、汇总完善，形成报告

将上述第二项练习中选出的风险与风险对策进行匹配，用适当的语句汇总成文，也可以补充更多合理的风险对策，形成完整的风险控制分析报告。

SZ 电子商务有限公司 2018 年度风险控制分析报告

分析报告人：_____

2018 年度，公司运行管理情况总体稳中有进。公司拥有成熟的产品理念和供应链条，是同行业领域内的领军品牌。公司计划融资上市。但是电子商务行业竞争激烈，再加上消费者多变的需求，企业软件项目和产品结构都面临不小的挑战。《电商法》的出台，在规范电商行业的同时，也对企业的经营、合同的制定以及成本的控制提出了更高的要求。如何拓展客户资源、提升品牌持久度、维护信息系统安全、提高产品服务质量等，都是公司应该关注的问题。

通过对国内外同行业情况及相关条例政策的初始资料进行归集和分析可知，公司的风险主要涉及市场风险、法律风险、财务风险、运营风险和战略风险这五个层面。风险情况分析及对应的风险决策措施如下：

一、市场风险（选出下列选项中正确的结论，形成你的市场风险分析报告）

☐ 1. 企业虽然形成了自己的生产优势，但这是企业进入市场较早所致。企业所谓的"森林理念"并不是自身专利，随着电商行业的不断成熟，越来越多的替代品会出现，再加上消费者的需求越来越精细化，企业面临着不小的市场风险。对此，公司需要时刻关注竞争者的产品情况，不断更新自身产品，多方位推出产品系列，针对不同年龄段，拓宽客户渠道，增强市场竞争力。

☐ 2. 由于电商销售是无纸贸易，买方存在较大的信用风险，虚假购买、恶意评论等行为都是无法控制的。对此，公司可以成立专门的客户信用调查分析小组，对信用较差的客户进行排查，降低恶意刷分等风险。

☐ 3. 由于电商销售是无纸贸易，因此公司可以邀请大量的朋友和熟人，为自己的新产品刷分、写评论，提升新产品的知名度，为拓展市场做准备。

二、法律风险（选出下列选项中正确的结论，形成你的法律风险分析报告）

☐ 1.《电商法》的出台，使得企业相关贸易合同的法律漏洞将会显现出来。对此，公司应严格执行《电商法》的要求，提升法律意识，聘用专业的法律人才，督查合同法律漏洞。

☐ 2. 对于没有申请专利和知识产权的网络商标、网络配图等，公司依然可以适当借鉴使用，参考学习。

☐ 3. 结合运营风险中的霉菌事件，公司应完善员工道德准则，不能为了利益触犯法律，危害消费者身体健康。

三、财务风险（选出下列选项中正确的结论，形成你的财务风险分析报告）

☐ 1. 企业营业收入虽然大幅增长，但是净利润和盈利能力有待提高，盲目上市对企业发展不利。相关费用的控制、成本资金的核算带来一定的财务风险。再加上《电商法》的出台，加大了企业人力、税务等各方面的成本和费用投入。对此，公司应当制定合理的成本控制和资金授权审批流程等财务制度，重点关注存货周转情况，这也是判断产品受欢迎程度的标准之一。

☐ 2. 建立财务预警系统，时刻关注企业的负债、盈利情况。在竞争激烈的当下，客户的比价能力很强，公司在销量足够的前提下，薄利多销也是可取的发展策略。

☐ 3. 制定合理的资金管控、融资授信等管理办法，联合设立消费产业基金，更好地拓宽投融资渠道，整合产业资源，加快公司外延式发展步伐，提升行业地位及影响力。

四、运营风险（选出下列选项中正确的结论，形成你的运营风险分析报告）

☐ 1. 企业霉菌超标事件反映企业存在质量安全管理风险及内外部人员职业道德风险。对此，公司在追求高效率的同时，要将质量、安全、环保等管理放在首位，严格把控品质是企业的根本任务。时刻牢记霉菌事件，避免错误再犯。

☐ 2. 健全员工管理制度，在制定员工激励制度的同时，也要建立人员解聘制度。及时对工作人员进行评价，对于被客户举报的工作人员，要在一定程度上给予惩罚，调动工作人员的工作责任感和积极性。

☐ 3. 企业主要以互联网技术为依托，进行线上销售。互联网的开放化会带来信息系统遭到破坏的风险，如数据泄露、黑客入侵等。对此，公司应加强信息技术的安全防护，确保企业内部信息的安全。

☐ 4. 建立人才保障体系，保障公司具有新兴的专业理念，与时俱进。信息技术和软件项目更新换代非常快，具有创新思维的人才显得格外重要。公司应加强复合型人才的培养，除了计算机知识外，还要求一部分员工有管理、金融、法律等方面的知识储备。

☐ 5. 在营销策略的制定上，可利用微博、微信等网络平台进行企业品牌宣传，明星代言也尤为必要。

☐ 6. 理性跨界，与人气品牌建立战略合作关系，生产联名产品。联名产品的定价与营销策略应符合市场需求。合作投资动漫大电影，使得公司品牌形象更加生动有趣，增强竞争力。

五、战略风险（选出下列选项中正确的结论，形成你的战略风险分析报告）

☐ 1. 企业品牌一经推出，立刻受到了风险投资机构的青睐，拟登录深交所创业板，但是电商行业股市并不景气，融资需要谨慎。公司应当制定合理的资金管控、融资授信等管理办法，联合设立消费产业基金，更好地拓宽投融资渠道，整合产业资源，加快公司外延式发展步伐，提升行业地位及影响力。

☐ 2. 企业品牌一经推出，立刻受到了风险投资机构的青睐，拟登录深交所创业板，但是电商行业股市并不景气，为了企业的可持续发展，应当减少融资，推迟上市。

☐ 3. 制订合理的投资计划，在符合公司发展规划的前提下，成立线下体验店，宣传公司的经营理念、优质的原材料和生产加工技术，树立良好的企业形象。

☐ 4. 线下实体店的经营状况非常低迷，公司应当减少线下实体店的投入，避免亏损，影响企业运营。

☐ 5. 电商行业发展速度太快，相关的信息系统、软件项目等必须跟上时代的步伐，否则终将被淘汰。对此，公司应引进电子商务、信息软件、设计研发、仓储配套等一系列围绕电商产业发展的企业，建立一个电商产业链的专业园区。

以上风险控制分析报告为企业风险管理报告的重要组成部分，最终的风险管理报告还应包括上年风险管理的全面回顾、风险管理工作未来更详细的计划、风险责任部门和风险评估标准说明等部分。

年　　月　　日

训练案例 3

SN 电器有限公司风险控制分析报告

（大型线下商品流通企业）

案例资料

一、企业基本情况

1. 名称：SN 电器有限公司（简称"SN 公司"）。

2. 性质：线下商品流通企业（增值税一般纳税人）。

3. 公司是以电器销售为主、百货销售为辅的大型老牌企业。

4. 商品流通企业风险控制侧重点：自主品牌研发、服务质量、自然灾害防范等运营风险；利润率、应收账款周转、存货周转、成本控制等财务风险；企业未来投资规划等战略风险；供应商和客户信用、市场环境等市场风险；法律政策等法律风险。

二、企业初始信息

SN 电器有限公司成立于 1995 年 6 月 11 日，经营范围包括家用电器、电子产品、办公设备、通信产品及配件的连锁销售和服务，空调配件的销售，制冷空调设备及家用电器的安装与维修，计算机软件开发、销售、系统集成等，拥有 1 500 多家实体连锁店。

SN 公司主要的经营方式是从知名生产厂家或者大的供应商处进货，然后以较高的价格卖出，赚取中间差价。

然而，随着科技的进步和消费者需求的日益增长，电子商务的产物之一线上超市迅速占据了市场。许多大型超市遭遇了巨大的打击，线下门店大量关闭，SN 公司也不例外。再加上国家政策对电子商务的支持，线下实体超市一度陷入了低迷。

更严重的是，SN 公司的大部分供应商和厂家不再与 SN 公司进行新的合作，因为它们也抓住了网络营销的机遇，自卖自销，从而获得更大的利润。没有了供应商，SN 公司这样的商品流通企业就没有了经济运行的来源。再者，家电产品更新换代的速度极快，积压的存货长时间卖不出去对企业而言也将是巨大的损失。

作为大企业，SN 公司很快就调整过来，积极分析调查市场，做好相应的运营战略计划，如增加货品品种，成立自营品牌，成立自有网站，创建专属的"云超市"，这些对于根基强大、市场影响力足够的 SN 公司来说并非难事。

为了形成企业特有且专业的物业链条，SN 公司拟收购 T 快递公司全部股份。此外，为了多元化发展，牢牢占据有利市场，SN 公司拟进行投资房地产开发、收购家乐福部分股份、跟万达合作、构建汽车超市等一系列战略部署。

除了那些迅速发展壮大的电商开创者外，SN 公司最大的竞争对手还是 GM 公司。两者从公司成立时就并驾齐驱，到现在同样地进行转型，谁率先打入市场，谁就将获得最终的成功。

SN 公司 2018 年营业收入 800 亿元，同比增长 9.62%；净利润为 3.064 亿，同比下降 19.27%。近三年，SN 公司资产负债率都在 60% 左右，没有降低的趋势；存货周转率在 6 左右，固定资产周转率在 10 左右，这两者没有增长趋势。

1. 依据风险控制分析报告指引，阅读收集到的企业初始信息。为了

便于分析,可以分段判断各段落包含哪些风险,在相应的风险类型前的方框中打钩。

2. 根据风险类型,判断可以分析出哪些风险后果,依据提示补充完整对应的风险分析后果。

3. 根据分析出的风险后果和影响,提出对应的风险控制对策,做好监督和改进,并且归纳汇总,形成完整的风险控制分析报告。

一、分段阅读,分析判断

1. SN 电器有限公司成立于 1995 年 6 月 11 日,经营范围包括家用电器、电子产品、办公设备、通信产品及配件的连锁销售和服务,空调配件的销售,制冷空调设备及家用电器的安装与维修,计算机软件开发、销售、系统集成等,拥有 1 500 多家实体连锁店。

SN 公司主要的经营方式是从知名生产厂家或者大的供应商处进货,然后以较高的价格卖出,赚取中间差价。

(1) 该段落包含的风险有:□市场风险;□法律风险;□财务风险;□运营风险;□战略风险。

(2) 根据提示,选出该段落对应的风险分析后果,为形成完整的风险控制分析报告做准备。

SN 企业拥有专业的产品渠道,拥有完整的生产销售及售后服务链条,但是其商品流通的企业性质势必会带来一定的风险。企业存在的风险后果有(　　)。

A. 好好保持现有的运营技术及产品宣传策略,维护好产品厂商合作伙伴关系,企业将不存在销售运营上的风险。

B. 企业虽然形成了自己的产品优势,但企业销售的电器、软件开发业务等均是消费周期较长的产品，流通周转速度较食品、母婴产品、化妆护肤品等慢得多。因此，SN 公司产品种类较为单一，影响企业竞争力和市场份额。

C. 企业自身没有生产能力，进多少货和进什么样的货、供应商和生产厂家的信用情况与发展情况、企业自身存货情况都会带来一定的风险。

D. 企业的商品宣传方式、活动力度、产品定价等一旦存在问题，就会导致企业市场影响力下降。

E. 企业的商品宣传和活动力度不足会导致企业盈利能力降低，甚至亏损，影响企业运营。

F. 企业的运输费用、管理费用、人力费用、资金结算等相关费用、成本的核算和资金的周转，都会给企业盈利情况带来一定的风险。

2. 然而，随着科技的进步和消费者需求的日益增长，电子商务的产物之一线上超市迅速占据了市场。许多大型超市遭遇了巨大的打击，线下门店大量关闭，SN 公司也不例外。再加上国家政策对电子商务的支持，线下实体超市一度陷入了低迷。

更严重的是，SN 公司的大部分供应商和厂家不再与 SN 公司进行新的合作，因为它们也抓住了网络营销的机遇，自卖自销，从而获得更大的利润。没有了供应商，SN 公司这样的商品流通企业就没有了经济运行的来源。再者，家电产品更新换代的速度极快，积压的存货长时间卖不出去对企业而言也将是巨大的损失。

（1）该段落包含的风险有：□市场风险；□法律风险；□财务风险；□运营风险；□战略风险。

（2）根据提示，选出该段落对应的风险分析后果，为形成完整的风险控制分析报告做准备。

科技的进步及国家相关政策的推出给企业乃至整个商品流通行业带来

了较大影响。企业存在的风险后果有（　　）。

　　A. 线下实体店陷入低迷，企业面临着被挤出市场的风险。

　　B. 电商是企业的盲区，法律的规范和要求、科技的引入和开发都是不小的挑战。

　　C. 库存长时间堆积将会导致企业亏损严重，甚至破产。

　　D. 没有了供应商，企业就没有了货源，这将影响企业未来的运营和周转。

　　3. 作为大企业，SN公司很快就调整过来，积极分析调查市场，做好相应的运营战略计划，如增加货品品种，成立自营品牌，成立自有网站，创建专属的"云超市"，这些对于根基强大、市场影响力足够的SN公司来说并非难事。

　　为了形成企业特有且专业的物业链条，SN公司拟收购T快递公司全部股份。此外，为了多元化发展，牢牢占据有利市场，SN公司拟进行投资房地产开发、收购家乐福部分股份、跟万达合作、构建汽车超市等一系列战略部署。

　　除了那些迅速发展壮大的电商开创者外，SN公司最大的竞争对手还是GM公司。两者从公司成立时就并驾齐驱，到现在同样地进行转型，谁率先打入市场，谁就将获得最终的成功。

　　（1）该段落包含的风险有：□市场风险；□法律风险；□财务风险；□运营风险；□战略风险。

　　（2）根据提示，选出该段落对应的风险分析后果，为形成完整的风险控制分析报告做准备。

　　在竞争激烈的电商市场，企业成立自营品牌和专属网站，投资相关产业，存在的风险后果有（　　）。

　　A. 资金周转运营投入过大，一旦转型升级失败，企业将面临破产风险。

B. 盲目投资、战略规划不合理会造成严重的后果，企业将受到致命的打击。

C. 一旦竞争对手 GM 公司率先转型成功，企业的市场份额和市场影响力都将受到巨大的影响。

D. 企业处于资金急需期，广告投入、明星代言以及人才引入对于企业都是不小的负担，会引起资金周转风险，应当停止相关投入。

4. SN 公司 2018 年营业收入 800 亿元，同比增长 9.62%；净利润为 3.064 亿，同比下降 19.27%。近三年，SN 公司资产负债率都在 60% 左右，没有降低的趋势；存货周转率在 6 左右，固定资产周转率在 10 左右，这两者没有增长趋势。

（1）该段落包含的风险有：□市场风险；□法律风险；□财务风险；□运营风险；□战略风险。

（2）根据提示，补充完整对应的风险分析后果，为形成完整的风险控制分析报告做准备（选出你认为正确的风险后果）。

通过分析企业的主要财务指标情况可知，企业存在以下风险：企业利润率□较低 □较高，盈利水平□较低 □较高；资产负债率□较低 □较高，负债压力□较小 □较大，资金存储不足；存货和固定资产周转效率□降低 □上升，企业运营效率呈□下降 □上升趋势。

二、分类归纳，提出对策

通过上面的分段落阅读和判断，将属于同一个类型的风险归纳到一起，便于总结分析，得出全面的风险控制对策，为形成完整的风险控制分析报告做准备。

1. 以下存在不符合 SN 公司风险的干扰选项，在判断出的符合公司情况的风险选项中，属于市场风险的有_____；属于法律风险的有

_____；属于财务风险的有_____；属于运营风险的有_____；属于战略风险的有_____。

A. 好好保持现有的运营技术及产品宣传策略，维护好产品厂商合作伙伴关系，企业将不存在销售运营上的风险。

B. 企业虽然形成了自己的产品优势，但企业销售的电器、软件开发业务等均是消费周期较长的产品，流通周转速度较食品、母婴产品、化妆护肤品等慢得多。因此，SN 公司产品种类较为单一，影响企业竞争力和市场份额。

C. 企业自身没有生产能力，进多少货和进什么样的货、供应商和生产厂家的信用情况与发展情况、企业自身存货情况都会带来一定的风险。

D. 企业的商品宣传方式、活动力度、产品定价等一旦存在问题，就会导致企业市场影响力下降。

E. 企业的运输费用、管理费用、人力费用、资金结算等相关费用、成本的核算和资金的周转，都会给企业盈利情况带来一定的风险。

F. 资金周转运营投入过大，一旦转型升级失败，企业将面临破产风险。

G. 盲目投资、战略规划不合理会造成严重的后果，企业将受到致命的打击。

H. 一旦竞争对手 GM 公司率先转型成功，企业的市场份额和市场影响力都将受到巨大的影响。

I. 企业处于资金急需期，广告投入、明星代言以及人才引入对于企业都是不小的负担，会引起资金周转风险，应当停止相关投入。

J. 互联网运营带来的电商交易信息隐私、财产安全、知识产权等相关问题，都是现有法律需要克服的难题，对于企业而言也是很大的风险。

2. 以下选项中，属于市场风险控制对策的有_____；属于法律风险控制对策的有_____；属于财务风险控制对策的有_____；属于运营风险控制对策的有_____；属于战略风险控制对策的有_____。

A. 成立属于自己的运输物流链特别重要，可以保证运输质量和安全，同时减少不必要的运输费用，提升盈利水平。

B. 牢牢抓住合作多年、知名度高、信用好的供应商，建立战略伙伴关系；各品牌效应互相影响，共同占领市场。

C. 构建"店商+电商"发展模式，双管齐下，助力企业发展。拓宽企业销售品类，覆盖蔬菜水果、零食、母婴产品等一系列日常耗用品品类。同时，不能舍弃线下实体店，因为电商针对的大多是青少年群体，而实体店主要针对的是中老年群体。

D. 做好产品结构分析调整，时刻关注市场情况；做好市场营销策略，包括产品或服务的定价与销售渠道、市场营销环境状况等。明星代言对企业市场形象的树立也是大有裨益的。

E. 制定合理的资金管控、融资授信等管理办法，对公司融资、投资、外汇与金融衍生品管理等进行明确规定，形成完整的投资、融资管理制度体系。这样可以满足公司不断发展的需求，降低债务水平，提高公司的竞争力及综合实力。

F. 定期开展经营活动分析，了解和掌握竞争者的营销发展情况，提升自身营销策略。塑造企业文化，树立良好的企业形象。

G. 制定合理的成本控制和资金授权审批流程等财务制度，重点关注存货周转情况，这也是判断产品受欢迎程度的标准之一。在竞争激烈的当下，客户的比价能力很强，公司在销量足够的前提下，薄利多销也是可取的发展策略。

H. 严格执行《电商法》，提升法律意识，在保护自身权益的同时，也要避免侵犯他人的权利，比如网络商标、网络配图等。

I. 建立财务预警系统，时刻关注企业的存货、负债、盈利情况。设置可实施的财务指标，观测对应指标数值的浮动，对企业可能遭受的风险和损失进行估测。

J. 存货是企业最主要的资产，要做好自然灾害防护、物流运输安全防护，降低损失概率。

K. 制定合理的成本控制和资金授权审批流程等财务制度，关注资产负债、存货周转、应收账款周转等财务情况，合理投资，谨慎研发。

L. 建立人才保障体系，保障公司具有新兴的专业理念，与时俱进。电商线上业务离不开新鲜血液的输入，软件开发、营销定位、产品结构调整等都需要有领先的眼光和判断力。

三、汇总完善，形成报告

将上述第二项练习中选出的风险与风险对策进行匹配，用适当的语句汇总成文，也可以补充更多合理的风险对策，形成完整的风险控制分析报告。

SN 电器有限公司 2018 年度风险控制分析报告

分析报告人：_____

2018 年度是公司面对挑战和转型的一年。社会的发展、行业的进步、消费者需求的多样化，让企业面临着巨大的变革。如何打破企业传统的线下家电销售模式，响应电子商务行业潮流，是企业首先需要关注的问题。此外，法律政策的要求、存货的管理、商品货物的物流、收购投资计划的制订、供应商的选取等都是企业拓展市场份额的关键问题。

通过对国内外同行业情况及相关条例政策的初始资料进行归集和分析

可知，公司的风险主要涉及市场风险、法律风险、财务风险、运营风险和战略风险这五个层面。风险情况分析及对应的风险决策措施如下：

一、市场风险（选出下列选项中正确的结论，形成你的市场风险分析报告）

☐ 1. 企业拥有专业的产品渠道，拥有完整的生产销售及售后服务链条，应当牢牢把握自己的行业优势，减少不必要的其他产品的生产，避免分散资金，以此稳固市场份额。

☐ 2. 企业虽然形成了自己的产品优势，但企业销售的电器、软件开发业务等均是消费周期较长的产品，流通周转速度较食品、母婴产品、化妆护肤品等慢得多。因此，SN公司产品种类较为单一，影响企业竞争力和市场份额。对此，企业应当拓宽企业销售品类，覆盖蔬菜水果、零食、母婴产品等一系列日常耗用品品类。同时，不能舍弃线下实体店，因为电商针对的大多是青少年群体，而实体店主要针对的是中老年群体。

☐ 3. 一旦竞争对手GM公司率先转型成功，企业的市场份额和市场影响力都将受到巨大的影响。对此，公司需要定期开展经营活动分析，了解和掌握竞争者的营销发展情况，提升自身营销策略。同时，公司应塑造企业文化，树立良好的企业形象。另外，可结合运营风险措施，构建"店商+电商"发展模式，双管齐下，助力企业发展。

☐ 4. 对于公司自身没有生产能力，靠进货流通的部分产品，供应商和生产厂家的信用情况与发展情况是公司需要重点关注的内容。公司应牢牢抓住合作多年、知名度高、信用好的供应商，建立战略产业伙伴关系；各品牌效应互相影响，共同占领市场。

二、法律风险（选出下列选项中正确的结论，形成你的法律风险分析报告）

☐ 1. 互联网运营带来的电商交易信息隐私、财产安全、知识产权等相关问题，都是现有法律需要克服的难题，对于企业而言也是很大的风险。对此，公司需要严格执行《电商法》，提升法律意识，及时保护自身的权益。

　　□ 2. 对于没有申请专利和知识产权的网络商标、网络配图等，依然可以适当借鉴使用，参考学习。

　　□ 3. 互联网运营极易泄露企业隐私的同时，也经常泄露客户的隐私，进而给客户带来不必要的骚扰。因此，公司要严格保护消费者信息，提高员工道德素养，避免客户信息泄露的情况发生。

三、财务风险（选出下列选项中正确的结论，形成你的财务风险分析报告）

　　□ 1. 企业的运输费用、管理费用、人力费用、资金结算等相关费用、成本的核算和资金的周转，都会给企业盈利情况带来一定的风险。资金周转运营投入过大，一旦转型升级失败，企业将面临破产风险。企业应当建立财务预警系统，时刻关注企业的存货、负债、盈利情况；同时，设置可实施的财务指标，观测对应指标数值的浮动，对企业可能遭受的风险和损失进行估测。

　　□ 2. 财务风险中，存货和物流两者是最为重要的。对此，公司成立属于自己的运输物流链特别重要，可以保证运输质量和安全，同时减少不必要的运输费用，提升盈利水平。存货是企业最主要的资产，要做好自然灾害防护、物流运输安全防护工作，降低损失概率。

　　□ 3. 公司应当制定合理的成本控制和资金授权审批流程等财务制度，重点关注存货周转情况，这也是判断产品受欢迎程度的标准之一。在竞争激烈的当下，客户的比价能力很强，公司在销量足够的前提下，薄利多销也是可取的发展策略。

四、运营风险（选出下列选项中正确的结论，形成你的运营风险分析报告）

☐ 1. 结合市场风险，企业的流通产品种类较为单一。企业没有足够的生产能力，在竞争越发激烈的当下，企业的商品宣传方式、活动力度、产品定价等一旦存在问题，就会导致企业市场影响力下降。对此，结合市场风险措施，构建"店商+电商"战略模式，覆盖蔬菜水果、零食、母婴产品等一系列日常耗用品品类。线下实体店和明星宣传代言不能舍弃，这对企业形象和知名度的宣传都是有利的。

☐ 2. 结合市场风险，企业的流通产品种类较为单一。企业没有足够的生产能力，在竞争越发激烈的当下，企业的商品宣传方式、活动力度、产品定价等一旦存在问题，就会导致企业市场影响力下降。对此，企业的线下实体店和明星宣传代言需要适当舍弃，避免费用过度，降低盈利水平。

☐ 3. 企业应做好产品结构分析调整，时刻关注市场情况；做好市场营销工作，包括产品或服务的定价与销售渠道，市场营销环境状况分析等。

☐ 4. 企业应建立人才保障体系，保障公司具有新兴的专业理念，与时俱进。电商线上业务离不开新鲜血液的输入，软件开发、营销定位、产品结构调整等都需要有领先的眼光和判断力。

五、战略风险（选出下列选项中正确的结论，形成你的战略风险分析报告）

☐ 1. 企业面临的主要战略风险还是投资问题，资金周转运营投入过大，盲目投资、战略规划不合理会造成严重的后果，企业将受到致命的打击。而一旦转型升级失败，企业将面临破产风险。对此，结合市场风险措施，企业应牢牢抓住合作多年、知名度高、信用好的供应商，建立战略伙伴关系；各品牌效应互相影响，共同占领市场。

□ 2. 企业面临的主要战略风险还是投资问题，资金周转运营投入过大，盲目投资、战略规划不合理会造成严重的后果，企业将受到致命的打击。而一旦转型升级失败，企业将面临破产风险。对此，企业应当减少投资，保证企业充足的现金流，实现可持续发展。

□ 3. 企业应合理分配资金，构建"店商＋电商"发展模式。同时，制定合理的资金管控、融资授信等管理办法，对公司融资、投资、外汇与金融衍生品管理等进行明确规定，形成完整的投资、融资管理制度体系。这样可以满足公司不断发展的需求，降低债务水平，提高公司的竞争力及综合实力。

以上风险控制分析报告为企业风险管理报告的重要组成部分，最终的风险管理报告还应包括上年风险管理的全面回顾、风险管理工作未来更详细的计划、风险责任部门和风险评估标准说明等部分。

年　　月　　日

训练案例 4

DF 高级中学风险控制分析报告

（公办高中）

 案例资料

一、单位基本情况

1. 名称：DF 高级中学。

2. 性质：公办高中（事业单位）。

3. 学校为知名高级中学，培养了一大批优秀人才。学校执行新政府会计制度。

4. 事业单位风险控制侧重点：教育人才引入、教学质量、招生宣传、教师及管理者道德素养等运营风险；新制度核算、资金支出、基建合同制定、国有资产增值等财务风险；单位筹资、投资及发展规划等战略风险；《国家职业教育改革实施方案》（简称"职教二十条"）等政策法律风险。

二、单位初始信息

DF 高级中学创办于 1912 年，是 Y 市内创办最早的一所中学，学制三年，毕业后可直接报考大学。DF 高中历史悠久，培养了一批又一批优秀学子，是 Y 市的老牌学校之一，也是江苏省四星级高中。学校拥有十几名特级教师，三十几名年轻教师新秀，以培养"最富创新激情的现代中国人"为办学思想。

科技在进步，为了跟上现代化教育的步伐，学校拟筹资购置新的教学仪器设备，建造新的多媒体教学楼。

学校以20万元人民币投资市政府的国有资产项目，即成立学校内部连锁超市，以便利师生的教学生活。

2018年，新《政府会计制度》的出台对于学校财务科的两位老会计来说是不小的考验。新《政府会计制度》不仅对预算会计提出了更高的要求，还要进行财务会计的核算，渐渐向企业会计制度过渡，使得行政事业单位的会计核算更加规范。

国家拟推出改革我国职业教育的实施方案。国家对于职教的重视、对职教的经费和师资力量的投入，给本就竞争激烈的高级中学带来了更大的招生压力，这也是普通高级中学都将面临的难题。

1. 依据风险控制分析报告指引，阅读收集到的单位初始信息。为了便于分析，可以分段判断各段落包含哪些风险，在相应的风险类型前的方框中打钩。

2. 根据风险类型，判断可以分析出哪些风险后果，依据提示补充完整对应的风险分析后果。

3. 根据分析出的风险后果和影响，提出对应的风险控制对策，做好监督和改进，并且归纳汇总，形成完整的风险控制分析报告。

一、分段阅读，分析判断

1. DF高级中学创办于1912年，是Y市内创办最早的一所中学，学制三年，毕业后可直接报考大学。DF高中历史悠久，培养了一批又一批优秀学子，是Y市的老牌学校之一，也是江苏省四星级高中。学校拥有十几名特级教师，三十几名年轻教师新秀，以培养"最富创新激情的现代中国人"为办学思想。

科技在进步，为了跟上现代化教育的步伐，学校拟筹资购置新的教学仪器设备，建造新的多媒体教学楼。

学校以20万元人民币投资市政府的国有资产项目，即成立学校内部连锁超市，以便利师生的教学生活。

（1）该段落包含的风险有：□市场风险；□法律风险；□财务风险；□运营风险；□战略风险。

（2）根据提示，选出该段落对应的风险分析后果，为形成完整的风险控制分析报告做准备。

学校拥有一定数量的优秀教师，拥有雄厚的教学资源和办学力量，但还是存在一定的风险后果：（ ）。

A. 师资力量分配不合理，多媒体教学时代离不开年轻教师，一味地依赖老牌教师，一定程度上会影响教育教学质量。

B. 筹资来源单一，除了一定的财政拨款、事业性收费等以外，学校几乎没有别的筹资途径。

C. 学校对国有资产超市进行了较大投资，造成了一定的资金压力，影响资金周转，带来极大的财务风险。

D. 学校处于筹资建设过程中，缺少了解合同法的专业人员，项目预算的合法合规性、合同相关者的道德素养都存在较大的风险。

2. 2018年，新《政府会计制度》的出台对于学校财务科的两位老会计来说是不小的考验。新《政府会计制度》不仅对预算会计提出了更高的要求，还要进行财务会计的核算，渐渐向企业会计制度过渡，使得行政事业单位的会计核算更加规范。

国家拟推出改革我国职业教育的实施方案。国家对于职教的重视、对职教的经费和师资力量的投入，给本就竞争激烈的高级中学带来了更大的招生压力,这也是普通高级中学都将面临的难题。

(1) 该段落包含的风险有:□市场风险;□法律风险;□财务风险;□运营风险;□战略风险。

(2) 根据提示,选出该段落对应的风险分析后果,为形成完整的风险控制分析报告做准备。

学校在会计人员结构、资金支付、道德素养、高校之间的竞争等方面存在的风险后果有(　　)。

A. 新《政府会计制度》的出台对两位老会计来说是个挑战,除了工作量的增大以外,新软件、新系统的操作也是不小的考验,这会带来会计核算风险。

B. 随着会计岗位分工要求的严格化,财务人员过少不利于维护财务安全,存在支付凭证、资金清算、凭证印章密押器管理等风险。

C. 乱收乱支、挪用资金、贪污等道德败坏风险。

D. 国家对职业教育的资金投入和政策支持给高级中学带来了招生的风险,学校没有了生源就无法正常运转。

二、分类归纳,提出对策

由于行政事业单位涉及的相关风险比较明确,不再专门列出风险选项供读者分类汇总,仅列出一系列风险控制对策供选择归类,为形成完整的风险控制分析报告做准备。

以下选项中,属于法律风险控制对策的有_____;属于财务风险控制对策的有_____;属于运营风险控制对策的有_____;属于战略风险控制对策的有_____。

A. 增加学校的财务人员,实施职责分工控制制度。引进年轻财务人员,更好地执行新《政府会计制度》。根据行政事业单位的职能和任务,合理设置职能部门和工作岗位,明确各自的职责权限,形成各司其职、各负其责、便于考核、相互制约的工作机制。在部门和岗位设置时应充分考虑不相容职务相互分离的制衡要求。不相容职务通常包括授权批准、业务经办、会计记录、财产保管、稽核检查等。

B. 实施审核批准控制制度，避免资金支付漏洞。学校各部门要按照规定的授权和程序，对相关业务和事项的真实性、合规性、合理性以及有关资料的完整性进行复核与审查，通过签署意见并签字或盖章，做出相关处理决定。

C. 实施预算控制制度。学校需要加强预算编制、执行、分析、考核等各个环节的管理，明确预算项目，建立预算标准，规范预算编制、审定、下达和执行程序，及时分析和控制预算差异，采取改进措施，确保预算执行。对于融资建设学校教学楼，要提前协同主管部门做好预算分析，做到"节流"，避免铺张浪费。

D. 视学校资金运转情况，合理谨慎地投资内部超市。可适当缩减投资金额，将一部分资金用在引进优秀教师上，提升学校师资力量。

E. 实施内部报告控制制度。学校应建立和完善内部报告控制制度，明确相关信息的收集、分析、报告和处理程序，及时提供业务活动中的重要信息，全面反映财务变动情况，增强内部管理的时效性和针对性。

F. 实施绩效考评控制制度。学校应科学设置业绩考核指标体系，对照预算指标、内部业绩考核指标，对各部门和教职员工的当期业绩进行考核与评价，兑现奖惩，强化对学校人员的激励与约束。

G. 为了扩大生源，学校需要提前做好招生宣传工作，适当地降低分数门槛；还应当与地方初级中学形成战略合作关系，给予入学优惠，互惠互利。

H. 建立信息技术控制制度。学校需要建立与本学校业务相适应的信息化控制流程，提高业务处理效率，减少和消除人为操纵因素，同时加强对计算机信息系统开发与维护、访问与变更、数据输入与输出、文件储存与保管、网络安全等方面的控制，保证信息系统安全、有效运行。

I. 定期加强财务人员培训，提高财务人员风险防范意识与风险识别能力。对不同层次的会计人员要有针对性地进行培训，及时进行知识更新，让会计人员熟练掌握新的会计知识和经济法律法规，领会法规制度各项内容的实质。

J. 成立内部党政联席小组，针对重大决策问题共同讨论，得出结论，有效避免一家之言和内部腐败。

三、汇总完善，形成报告

将上述第二项练习中选出的风险与风险对策进行匹配，用适当的语句汇总成文，也可以补充更多合理的风险对策，形成完整的风险控制分析报告。

DF 高级中学 2018 年度风险控制分析报告

分析报告人：_____

2018 年度，学校招生运行工作基本正常，教职员工们努力工作，是辛勤的园丁；同学们奋斗拼搏，是祖国的希望。为了使学校更好地运转，学校内部相关制度和措施需要完善；为了使学生有更好的学习环境，学校需要尽快合理、合法地融资；为了使学校可持续发展，新的招生政策和入学条例需要推敲。

通过对学校内部情况及相关条例政策的初始资料进行归集和分析可知，学校的风险主要涉及法律风险、财务风险、运营风险和战略风险这四个层面。风险情况分析及对应的风险决策措施如下：

一、法律风险（选出下列选项中正确的结论，形成你的法律风险分析报告）

☐ 1. 管理者或教职员工挪用资金、乱签合同带来道德风险。对此，学校应当增加财务人员，实施职责分工控制制度。根据行政事业单位的职能和任务，合理设置职能部门和工作岗位，明确各自的职责权限，形成各司其职、各负其责、便于考核、相互制约的工作机制。在部门和岗位设置时应充分考虑不相容职务相互分离的制衡要求。不相容职务通常包括授权批准、业务经办、会计记录、财产保管、稽核检查等。此外，学校应当成立内部党政联席小组，针对重大决策问题共同讨论，得出结论，有效避免一家之言、内部腐败。

☐ 2. 新《政府会计制度》的施行给学校带来财务核算风险。对此，学校应当引进年轻财务人员，更好地执行新《政府会计制度》。

☐ 3. 国家对职业教育的资金投入和教学支持等政策给高级中学带来了招生风险，学校没有了生源就无法正常运转。结合战略风险策略，为了扩大生源，学校需要提前做好招生宣传工作，适当地降低分数门槛；还应当与地方初级中学形成战略合作关系，给予入学优惠，互惠互利。

二、财务风险（选出下列选项中正确的结论，形成你的财务风险分析报告）

☐ 1. 新《政府会计制度》的出台对两位老会计来说是个挑战，除了工作量的增大以外，新软件、新系统的操作也是不小的考验，这会带来会计核算风险。学校要定期加强财务人员培训，提高财务人员风险防范意识与风险识别能力。对不同层次的会计人员要有针对性地进行培训，及时进行知识更新，让会计人员熟练掌握新的会计知识和经济法律法规，领会法规制度各项内容的实质。

☐ 2. 随着会计岗位分工要求的严格化，财务人员过少不利于维护财务安全，存在支付凭证、资金清算、凭证印章密押器管理等风险；更严重的，还存在乱收乱支、挪用资金、贪污等道德败坏风险。对此，学校应当实施审核批准控制制度，避免资金支付漏洞。学校各部门要按照规定的授权和程序，对相关业务和事项的真实性、合规性、合理性以及有关资料的完整性进行复核与审查，通过签署意见并签字或盖章，做出相关处理决定。

☐ 3. 实施预算控制制度。学校需要加强预算编制、执行、分析、考核等各个环节的管理，明确预算项目，建立预算标准，规范预算编制、审定、下达和执行程序，及时分析和控制预算差异，采取改进措施，确保预算执行。对于融资建设学校教学楼，要提前协同主管部门做好预算分析，做到"节流"，避免铺张浪费。

☐ 4. 实施内部报告控制制度。学校应建立和完善内部报告控制制度，明确相关信息的收集、分析、报告和处理程序，及时提供业务活动中的重要信息，全面反映财务变动情况，增强内部管理的时效性和针对性。

三、运营风险（选出下列选项中正确的结论，形成你的运营风险分析报告）

☐ 1. 扎实的师资力量才能吸引更多的生源，因此，引入一些教学实力强、教学经验丰富的老教师显得格外重要。

☐ 2. 学校师资力量分配不合理，多媒体教学时代离不开年轻教师，一味地依赖老牌教师，一定程度上会影响教育教学质量。对此，学校应当将一部分资金用在引进年轻优秀教师上，提升学校师资力量。

☐ 3. 为了提升教职工工作效率和积极性，学校需要实施绩效考评控制制度。学校应科学设置业绩考核指标体系，对照预算指标、内部业绩考核指标，对各部门和教职员工的当期业绩进行考核与评价，兑现奖惩，强化对学校人员的激励与约束。

☐ 4. 建立信息技术控制制度尤为必要。学校需要建立与本学校业务相适应的信息化控制流程，提高业务处理效率，减少和消除人为操纵因素，同时加强对计算机信息系统开发与维护、访问与变更、数据输入与输出、文件储存与保管、网络安全等方面的控制，保证信息系统安全、有效运行。

四、战略风险（选出下列选项中正确的结论，形成你的战略风险分析报告）

☐ 1. 对于筹资风险，学校应当结合财务风险决策，融资建设学校教学楼，要提前协同主管部门做好预算分析，做到"节流"，避免铺张浪费。

☐ 2. 对于公有资产的投资风险，学校应当视学校资金运转情况，合理谨慎地投资内部超市。可适当缩减投资金额，将一部分资金用在引进优秀教师上，提升学校师资力量。

☐ 3. 对于招生风险，学校应当结合法律风险，制定合理的招生战略政策，在保证学校生源水平的基础上，适当实行入学优惠政策。

☐ 4. 由于学校资金有限，对于信息控制系统的投资应当放缓，减少资金浪费。

以上风险控制分析报告为学校风险管理报告的重要组成部分，最终的风险管理报告还应包括上年风险管理的全面回顾、风险管理工作未来更详细的计划、风险责任部门和风险评估标准说明等部分。

年　　月　　日

训练案例 5
HQ 银行风险控制分析报告
（金融服务业企业）

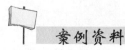
案例资料

一、企业基本情况

1. 名称：HQ 银行。

2. 性质：金融服务业企业。

3. 银行为老牌国有银行，已上市，办理公司和个人的金融服务、存取款、票据、外汇等一系列业务，位于国内银行前列。

4. 金融服务业企业风险控制侧重点：贷款信用风险、利率和汇率变动、银行间竞争情况等市场风险；资产和负债各自的流动性、有形资产损坏等财务风险；信息安全、内部管理等运营风险；国内外宏观经济政策等战略风险；内部道德等法律风险。

二、企业初始信息

HQ 银行成立于 20 世纪初，是老牌国有商业银行。HQ 银行业务范围涵盖商业银行、投资银行、基金、保险、航空租赁，旗下有一系列控股金融机构，在全球范围内为个人和公司客户提供金融服务。

金融业是高度 IT 化的行业，无论是办理相关业务还是支付体系，都趋向人工智能化。现在的金融科技，要既能支持科技创新、取代传统技术，同时又能保持系统连续性，防止出现大规模风险和大规模欺诈。

为此，HQ 银行实行人工智能化，制造人工机器人用于银行大堂巡视，帮助顾客办理简单的业务。此外，HQ银行也加大了自动操作机器的投入，节省顾客排队时间，提高办事效率。

近两年，房地产投资前景良好，银行住房贷款需求急剧增加。企业和个人投资需求增大，而储蓄需求下降。再加上银行间竞争激烈，抢占市场份额变得越发艰难。

由于银行业务与金钱挂钩，一系列操作流程比较繁杂，HQ银行定期对员工进行技能操作培训和职业道德素养教育。员工保持工作激情和技能专业性是银行发展的前提。

2018年5月，中国银行保险监督管理委员会完善了《银行账簿利率风险管理指引》。银行账簿利率风险是指利率水平、期限结构等不利变动导致银行账簿经济价值和整体收益遭受损失的风险，主要包括缺口风险、基准风险和期权性风险。利率变化可能引起银行账簿表内外业务的未来重定价现金流或其折现值发生变化，导致经济价值下降，从而使银行遭受损失。同时，利率变化可能引起净利息收入减少，或其他利率敏感性收入减少、支出增加，从而使银行遭受损失。

目前，我国利率市场化已经不断深入，利率风险所呈现的趋势和变化更加复杂。利率风险与银行其他风险的相关性也在不断增强，同业业务和表外业务的发展增加了利率风险管理的紧迫性和复杂性，互联网金融对银行日常业务和资产负债结构带来的冲击也是不言而喻的。众多市场因素都要求利率风险计量和管理的能力提升到符合市场环境的水平。虽然我国央行没有加息，但一系列的动作意味着我国中长期利率水平存在上行趋势，而利率的上升也会对银行的资产负债结构和收益产生较大的影响。

HQ银行除了学习最新政策，自我提升和完善外，也时刻吸取着其他企业的教训，其中最有名的案例就是2008年的中信泰富事件。

中信泰富事件的风险启示有：① 企业被暴利蒙蔽，在签订澳元期权合约之前，对澳元外汇走势没有进行科学评估，盲目进行交易。② 内部管理、授权审批制度缺失，重大事项未经最高负责人审批同意就开始施行。③ 没有遵守远期合约风险对冲政策，中信泰富签订的杠杆式合约的风险和收益完全不对等，所以在澳元兑美元汇率高于 0.87 时，中信泰富可以赚取差价，但如果该汇率低于 0.87，却没有自动终止协议，中信泰富必须不断以高汇率接盘，理论上亏损可以无限大。财务负责人没有遵循远期合约的风险政策，导致合约的风险无限放大。

1. 依据风险控制分析报告指引，阅读收集到的企业初始信息。为了便于分析，可以分段判断各段落包含哪些风险，在相应的风险类型前的方框中打钩。

2. 根据风险类型，判断可以分析出哪些风险后果，依据提示补充完整对应的风险分析后果。

3. 根据分析出的风险后果和影响，提出对应的风险控制对策，做好监督和改进，并且归纳汇总，形成完整的风险控制分析报告。

一、分段阅读，分析判断

1. HQ 银行成立于 20 世纪初，是老牌国有商业银行。HQ 银行业务范围涵盖商业银行、投资银行、基金、保险、航空租赁，旗下有一系列控股金融机构，在全球范围内为个人和公司客户提供金融服务。

金融业是高度 IT 化的行业，无论是办理相关业务还是支付体系，都趋向人工智能化。现在的金融科技，要既能支持科技创新、取代传统技术，同时又能保持系统连续性，防止出现大规模风险和大规模欺诈。

为此，HQ 银行实行人工智能化，制造人工机器人用于银行大堂巡视，帮助顾客办理简单的业务。此外，HQ 银行也加大了自动操作机器的投入，节省顾客排队时间，提高办事效率。

（1）该段落包含的风险有：□市场风险；□法律风险；□财务风险；□运营风险；□战略风险。

（2）根据提示，选出该段落对应的风险分析后果，为形成完整的风险控制分析报告做准备。

银行历史悠久，业务技能成熟，拥有国内外一系列业务，在国有银行中具有领军地位，但还是存在一定的风险后果：（　　）。

A. 银行拥有大量外币业务，这就存在着汇率风险。最容易理解的风险就是外币折算成本币，而本币贬值，这就导致资本金折算风险。

B. 银行涉及业务过于广泛，影响银行内部运营，带来业务风险。

C. 科技带来便利的同时，也带来了个人隐私、信息泄露等信息安全风险。

D. 智能自动化设备的投入规模和金额会给银行带来一定的风险，而智能机器人和自动办公机器都属于银行重要的有形资产，也存在人为损坏的风险。

2. 近两年，房地产投资前景良好，银行住房贷款需求急剧增加。企业和个人投资需求增大，而储蓄需求下降。再加上银行间竞争激烈，抢占市场份额变得越发艰难。

由于银行业务与金钱挂钩，一系列操作流程比较繁杂，HQ 银行定期对员工进行技能操作培训和职业道德素养教育。员工保持工作激情和技能专业性是银行发展的前提。

（1）该段落包含的风险有：□市场风险；□法律风险；□财务风险；□运营风险；□战略风险。

（2）根据提示，选出该段落对应的风险分析后果，为形成完整的风险控制分析报告做准备。

银行业务与金钱挂钩，一系列操作流程比较繁杂，再加上企业和个人投资需求增加，银行存在的风险后果有（　　）。

A. 企业和个人投资需求的增加导致银行贷款增加。这将带来银行资产流动性的风险，即银行因资金来源不足而未能满足客户合理的信贷需求或其他即时的现金需求而引发的风险。

B. 如果贷款的个人和没有信用评级的中小企业未能及时还贷，会给银行带来一定的风险。

C. 银行间类似理财产品和优惠政策的竞争会对银行的市场份额产生一定的冲击。

D. 新的业务员业务不熟练会给银行带来一定的操作风险。

E. 金融行业依赖技术系统，一旦系统出了故障，会带来系统错误风险。

F. 银行业务涉及金钱利益，容易产生金融腐败等道德风险。

3. 2018年5月，中国银行保险监督管理委员会完善了《银行账簿利率风险管理指引》。银行账簿利率风险是指利率水平、期限结构等不利变动导致银行账簿经济价值和整体收益遭受损失的风险，主要包括缺口风险、基准风险和期权性风险。利率变化可能引起银行账簿表内外业务的未来重定价现金流或其折现值发生变化，导致经济价值下降，从而使银行遭受损失。同时，利率变化可能引起净利息收入减少，或其他利率敏感性收入减少、支出增加，从而使银行遭受损失。

目前，我国利率市场化已经不断深入，利率风险所呈现的趋势和变化更加复杂。利率风险与银行其他风险的相关性也在不断增强，同业业务和表外业务的发展增加了利率风险管理的紧迫性和复杂性，互联网金融对银行日常业务和资产负债结构带来的冲击也是不言而喻的。众多市场因素都要求利率风险计量和管理的能力提升到符合市场环境的水平。虽然我国央行没有加息，但一系列的动作意味着我国中长期利率水平存在上行趋势，而利率的上升也会对银行的资产负债结构和收益产生较大的影响。

（1）该段落包含的风险有：□市场风险；□法律风险；□财务风险；□运营风险；□战略风险。

（2）根据提示，选出该段落对应的风险分析后果，为形成完整的风险控制分析报告做准备。

利率风险是金融服务业面临的最大风险，根据收集到的初始资料及所学知识，利率风险可能带来的风险后果有（　　）。

A. 结合法律政策的推出，利率变动给银行业带来的影响是巨大的。利率变化可能引起银行账簿表内外业务的未来重定价现金流或其折现值发生变化，导致经济价值下降，从而使银行遭受损失。

B. 利率变化可能引起净利息收入减少，或其他利率敏感性收入减少、支出增加，从而使银行遭受损失。

C. 市场利率的上升趋势也将对银行的资产负债结构和收益产生较大的影响。

D. 利率变化给银行带来风险的同时，也带来了机遇，银行可以抓紧机会套期保值，获取收益。

4. HQ银行除了学习最新政策，自我提升和完善外，也时刻吸取着其他企业的教训，其中最有名的案例就是2008年的中信泰富事件。

中信泰富事件的风险启示有：① 企业被暴利蒙蔽，在签订澳元期权合约之前，对澳元外汇走势没有进行科学评估，盲目进行交易。② 内部管理、授权审批制度缺失，重大事项未经最高负责人审批同意就开始施行。③ 没有遵守远期合约风险对冲政策，中信泰富签订的杠杆式合约的风险和收益完全不对等，所以在澳元兑美元汇率高于0.87时，中信泰富可以赚取差价，但如果该汇率低于0.87，却没有自动终止协议，中信泰富必须不断以高汇率接盘，理论上亏损可以无限大。财务负责人没有遵循远期合约的风险政策，导致合约的风险无限放大。

（1）该段落包含的风险有：□市场风险；□法律风险；□财务风险；□运营风险；□战略风险。

（2）根据提示，选出本段落对应的风险分析后果，为形成完整的风险控制分析报告做准备。

总结分析中信泰富的失败教训，其风险启示有（　　）。

A. 盲目投资，被暴利蒙蔽，没有制订合理的投资计划。

B. 内部管理和授权审批制度的缺失使得中信泰富运营暗箱操作化。

C. 中信泰富没有及时防范和应对汇率风险，导致企业彻底崩盘。

二、分类归纳，提出对策

通过上面的分段落阅读和判断，将属于同一个类型的风险归纳到一起，便于总结分析，得出全面的风险控制对策，为形成完整的风险控制分析报告做准备。

1. 以下存在不符合HQ银行风险的干扰选项，在判断出的符合银行情况的风险选项中，属于市场风险的有_____；属于法律风险的有_____；属于财务风险的有_____；属于运营风险的有_____；属于战略风险的有_____。

A. 银行拥有大量外币业务，这就存在着汇率风险。最容易理解的风险就是外币折算成本币，而本币贬值，这就导致资本金折算风险。

B. 银行涉及业务过于广泛，影响银行内部运营，带来业务风险。

C. 科技带来便利的同时，也带来了个人隐私、信息泄露等信息安全风险。

D. 智能自动化设备的投入规模和金额会给银行带来一定的风险，而智能机器人和自动办公机器都属于银行重要的有形资产，也存在人为损坏的风险。

E. 企业和个人投资需求的增加导致银行贷款增加。这将带来银行资产流动性的风险，即银行因资金来源不足而未能满足客户合理的信贷需求或其他即时的现金需求而引发的风险。

F. 如果贷款的个人和没有信用评级的中小企业未能及时还贷，会给银行带来一定的风险。

G. 银行间类似理财产品和优惠政策的竞争会对银行的市场份额产生一定的冲击。

H. 银行业务与金钱挂钩，一系列操作流程比较繁杂。新的业务员业务不熟练会给银行带来一定的操作风险。

I. 金融行业依赖技术系统，一旦系统出了故障，会带来系统错误风险。

J. 银行业务涉及金钱利益，容易产生金融腐败等道德风险。

2. 以下选项中，属于市场风险控制对策的有_____；属于法律风险控制对策的有_____；属于财务风险控制对策的有_____；属于运营风险控制对策的有_____；属于战略风险控制对策的有_____。

A. 加强对贷款个人或者企业的信用测评分析，对贷款者的历史贷款情况做全面分析，同时对贷款者的工作和收入情况做全面了解，根据不同贷款者的信用评级情况，分额度贷款，即对信用评级高的适当增加额度，而对信用评级低的适当降低额度。

B. 对于资产流动性风险，银行应当进行资产管理，进行一定的投资，合理制定投资结构，以保证资金的充足性，进而满足客户提现需求。

C. 积极地对利率变动进行预测，以及时采取措施来获得最大的净利差收入。同时，可以与企业签订远期利率协议，也可以与企业进行利率期货和利率期权交易，降低利率变动带来的风险，实现套期保值。

D. 加强员工业务技能训练，定期考试，将考试成绩与绩效挂钩，避免操作失误带来的风险；加强人才队伍建设，增强市场分析能力。

E. 加强信息系统基础设施建设，提高银行交易和银行风险管理的电子化水平，建立覆盖总分行，具备信息搜集、风险预警、信息反馈、决策报告等功能的电子化管理平台，使风险管理更加实时化，风险信号传递更加迅速通畅。此外，信息系统安全的维护也格外重要，健全的信息系统是维护银行隐私和消费者信息的关键。

F. 加强应用软件开发，提高各项交易的效率，及时地采集数据，进行汇总分析，从而提升信息的加工效率，改善人工搜集处理数据的差错率和低效率。

G. 按照比较优势，合理配置资源，谨慎投融资，不断推出差别性的产品与服务，稳固市场份额。

H. 调整与改进内部运行机制，进一步完善风险管理体系，使信贷决策更加科学与透明。建立严格的目标责任制以及服务于这一制度的激励约束机制，杜绝金融腐败。

I. 按照审慎的会计原则处理业务，采用国际先进的资产负债管理信息系统，提高会计人员业务水平，增加透明度。

J. 根据情况开展反向压力测试，识别严重威胁银行收益和资本的利率情景。即银行先行定义损益限额，再反推能承受的最大市场收益率变动水平和其他预期。

K. 实施银行账簿利率风险限额管理，确保银行账簿利率风险水平与风险偏好一致。银行账簿利率风险限额体系应与商业银行的规模、业务复杂程度、资本充足程度及风险管理能力相匹配，必要时应针对业务部门、投资组合和金融工具类别设定子限额。

L. 根据银行自身的资产规模需要，结合我国的汇率变化特征，选取更为合适的计量模型来度量汇率风险。

M. 建立并完善科学、灵活的衍生产品定价机制，引进风险管理软件和报价模型，加强对外汇衍生产品相关风险的管控能力。

三、汇总完善，形成报告

将上述第二项练习中选出的风险与风险对策进行匹配，用适当的语句汇总成文，也可以补充更多合理的风险对策，形成完整的风险控制分析报告。

HQ 银行 2018 年度风险控制分析报告

分析报告人：_____

2018 年度对于银行来说依然是竞争激烈且富有挑战的一年。贷款的信用风险、利率和汇率变动风险、银行间竞争情况、信息安全及内部管理等依然是银行面临的主要风险。如何及时有效地应对这些风险，是银行稳固市场份额、进行可持续战略发展的关键所在。

通过对国内外政策、行业环境和银行内部资料等初始信息进行归集和分析可知，银行的风险主要涉及市场风险、法律风险、财务风险、运营风险和战略风险这五个层面。风险情况分析及对应的风险决策措施如下：

一、市场风险（选出下列选项中正确的结论，形成你的市场风险分析报告）

☐ 1. 对于利率风险，银行应积极地对利率变动进行预测，以及时采取措施来获得最大的净利差收入。同时，可以与企业签订远期利率协议，也可以与企业进行利率期货和利率期权交易，降低利率变动带来的风险，实现套期保值。银行应根据情况开展反向压力测试，识别严重威胁银行收益和资本的利率情景,即银行先行定义损益限额,再反推能承受的最大市场收益率变动水平和其他预期。银行应实施银行账簿利率风险限额管理,确保银行账簿利率风险水平与风险偏好一致。银行账簿利率风险限额体系应与商业银行的规模、业务复杂程度、资本充足程度及风险管理能力相匹配,必要时应针对业务部门、投资组合和金融工具类别设定子限额。

☐ 2. 对于汇率风险,银行需要根据自身的资产规模需要,结合我国的汇率变化特征,选取更为合适的计量模型来度量汇率风险。此外,应建立并完善科学、灵活的衍生产品定价机制,引进风险管理软件和报价模型,加强对外汇衍生产品相关风险的管控能力。

☐ 3. 对于贷款的个人和没有信用评级的中小企业未能及时还贷造成的信用风险,银行应当加强对贷款个人或者企业的信用测评分析,对贷款者的历史贷款情况做全面分析,同时对贷款者的工作和收入情况做全面了解,根据不同贷款者的信用评级情况,分额度贷款,即对信用评级高的适当增加额度,而对信用评级低的适当降低额度。

☐ 4. 对于同行业竞争,银行应扩大业务渠道,结合运营风险对策,推出差别性的产品与服务,稳固市场份额。

二、法律风险(选出下列选项中正确的结论,形成你的法律风险分析报告)

☐ 1. 对于利率和汇率的政策变动,结合市场风险对策,银行需要及时预测相关变化,提前做好套期保值的措施。同时,应认真学习相关政策,做好内部管理和控制。

☐ 2. 银行由于涉及金钱利益,容易产生金融腐败等道德风险。对此,银行应当调整与改进内部运行机制,进一步完善风险管理体系,使信贷决策更加科学与透明。同时,应建立严格的目标责任制以及服务于这一制度的激励约束机制,杜绝金融腐败。

三、财务风险（选出下列选项中正确的结论，形成你的财务风险分析报告）

☐ 1. 智能机器人和自动办公机器都属于银行重要的有形资产，存在人为损坏的风险。对此，银行应当加强监控，定期检查机器设备，对于过分的人为损坏行为可以要求一定的赔偿。

☐ 2. 智能机器人和自动办公机器虽然带来了一定的便利，但是日常维修维护及使用成本较大，在银行收益不景气的当下，应当减少相关设备的投入和使用。

☐ 3. 企业和个人投资需求的增加导致银行贷款增加。这将带来银行资产流动性的风险，即银行因资金来源不足而未能满足客户合理的信贷需求或其他即时的现金需求而引发的风险。对此，结合战略风险对策，银行应当进行资产管理，进行一定的投资，合理制定投资结构，以保证资金的充足性，进而满足客户提现需求。

☐ 4. 企业和个人投资需求的增加导致银行贷款增加。这将带来银行资产流动性的风险，即银行因资金来源不足而未能满足客户合理的信贷需求或其他即时的现金需求而引发的风险。对此，银行应当减少对外投资，将资金保存在银行账户，以便满足客户提现需求。

☐ 5. 关于财务人员分析判断能力的提升，银行应当按照审慎的会计原则处理业务，采用国际先进的资产负债管理信息系统，提高会计人员业务水平，增加透明度。

四、运营风险（选出下列选项中正确的结论，形成你的运营风险分析报告）

☐ 1. 对于完善信息安全管理，银行应当加强信息系统基础设施建设，提高银行交易和银行风险管理的电子化水平，建立覆盖总分行，具备信息搜集、风险预警、信息反馈、决策报告等功能的电子化管理平台，使风险管理更加实时化，风险信号传递更加迅速通畅。此外，信息系统安全的维护也格外重要，健全的信息系统是维护银行隐私和消费者信息的关键。

☐ 2. 对于提升员工业务操作能力，银行应当加强员工业务技能训练，定期考试，将考试成绩与绩效挂钩，避免操作失误带来的风险。另外，还应加强人才队伍建设，增强市场分析能力。

☐ 3. 对于内部理财产品的营销定价策略存在的风险，银行应当结合市场风险管理，建立并完善科学、灵活的衍生产品定价机制，引进风险管理软件和报价模型，加强对外汇衍生产品相关风险的管控能力。

五、战略风险（选出下列选项中正确的结论，形成你的战略风险分析报告）

☐ 1. 结合财务风险和运营风险，智能自动化设备的投入、为了保证银行资产负债流动性的投资以及科技进步带来的新技能的投入，都是战略对策需要解决的问题。银行应当按照比较优势，合理配置资源，制定详细的投融资规划，谨慎投融资。

☐ 2. 银行需要加强应用软件开发，提高各项交易的效率，及时地采集数据，进行汇总分析，从而提升信息的加工效率，改善人工搜集处理数据的差错率和低效率。

☐ 3. 银行业相对来说不太景气，应当减少相关投入，保证资金充足，避免资金链断裂。

以上风险控制分析报告为企业风险管理报告的重要组成部分，最终的风险管理报告还应包括上年风险管理的全面回顾、风险管理工作未来更详细的计划、风险责任部门和风险评估标准说明等部分。

年　　月　　日